中华与世界文明图表

Illustrations: Civilizations of China and Worldwide

中华世纪坛世界艺术馆　编

文物出版社

中华与世界文明示意图

欧洲文明

非洲文明

美洲／大洋洲文明

亚洲文明

中华文明

序　言

中国古代的历史源远流长，从百万年前的远古，中华大地上已经印有人类的足迹。到了夏代，古代中国步入了有文字记录的历史时期。中华古文明犹如光灿的巨星，运行于众星争辉的世界历史寰宇之中，在它经过之处留下了一条永不磨灭的光辉轨迹。几千年来，中华民族在它的光辉照耀下前进，培养和造就了坚韧不拔、积极进取的民族精神，为世界的和平发展发挥着重大的作用。在当今的世界，我们一方面应该深入了解中华古文明光辉的过去，承继和发扬其中的优良传统，激励我们前进的步伐。另一方面更要学习和了解世界各民族的文明发展史，在多元文化中开阔视野升华思想，让中华民族以全新的姿态屹立于世界民族之林。

为了让中国的民众不出国门就可以与世界各大洲的古代文明亲密对话，中华世纪坛世界艺术馆与欧美的十四家博物馆坦诚合作，于2006年开始展出基本陈列《伟大的世界文明》，分别将古代美索不达米亚、埃及、印度、美洲、希腊和罗马等古代文明的文物精品，展示在国人面前，搭建起了一个了解、欣赏和研究古代世界诸文明的窗口，国人借此可以亲身感受世界各民族的文明进程和艺术魅力。为了使观众加深对世界古代文明发展演进的认识，对照同一时期、同一年代古代中国文明的发展历程，鉴古知今，积极进取，走向光辉的未来，中华世纪坛世界艺术馆馆长王立梅和文物出版社社长苏士澍共同策划，编纂了这本中华与世界文明相互对照的历史图表。本书图文并茂，以图像为主，所选图像的重点是反映中华与世界文明的历史遗迹和绘画、雕塑、建筑、工艺美术、书法篆刻作品等，特别选取纪年明确的文物和创作时间清楚的艺术品，以历史年代顺序为经，以中华和欧洲、非洲、美洲/大洋洲、亚洲为纬，展示了从人类起源的远古至公元1840年世界间各种不同文明发展的历史风貌。

中华世纪坛世界艺术馆

2008 年 12 月

一、本书试图从时间与地域的坐标上，以图表的方式展示中华与世界文明的发展历程。

二、本书按历史编年纵向排列，并标明中华与世界各大洲（欧、非、美/大洋、亚［中国以外的文明］）古代文明的起迄年代及古代国家或王朝的起迄年代。对一些著名的历史事件，也酌量予以标注。上起公元前 800 万年人类文明发展之始，下至中国鸦片战争公元 1840 年止。

凡 例

公元纪年轴

自公元前 800 万年至公元 1840 年的时间定位。

补充历史记载

对缺少图像的文明的补充记载。文字颜色表明所属地理区域。

◆欧洲文明
◆非洲文明
◆美洲文明／大洋洲文明
◆亚洲文明
◆中华文明

世界历史大事记

简明记载公元前 800 万年人类文明初始至公元 1840 年除中国以外的世界各地历史、文化方面的大事和重要人物。

图片及说明

图片、标题及具体说明。标题颜色表明该图片所属各大洲地理区域。

◆欧洲文明
◆非洲文明
◆美洲文明／大洋洲文明
◆亚洲文明
◆中华文明

公元	欧 洲	非 洲	美 洲／大洋洲	亚 洲

前5000年

前5000～前3000年，欧洲尼石文化

前4000年

前4000年，青铜器铸造开始
前4000年，苏美尔文明形成

前3500年

前3500年，苏美尔人发明轮子和犁
前3500年，南美洲种植棉花
前3200年，纳米尔统一上、下埃及

前3100～前2570年，埃及早王朝时代

前3000年

前3000年，美索不达米亚发展楔形文字，开始有了文字记载的历史
前3000年，埃及人已制造出了世界上最早的太阳历
前3000年，尼罗河下游地区制成莎草纸
前3000年，爱琴文明开始

前2570年，埃及古王国建立

前2500年

前2371～前2230年，苏美尔·阿卡德王朝
前2350～前1750年，印度哈拉帕文化
前2350年，埃及早期宗教文献《金字塔铭文》
前2212～前2004年，苏美尔早期英雄史诗《吉尔伽美什》
前2040～前1786年，埃及中王国时代
前2050年，米诺斯文明开始形成

前2000年

朝鲜新石器时代至乐浪时代。公元前5000～前1000年，该时期的主要代表为篦纹陶器。它是一种以泥条盘筑法制成的红褐色成为规则的大口深腹罐类陶器。底部或表面有曲折纹或其他纹样……篦纹陶文化时代。

◆农神塑像 公元前4500年，出土于匈牙利，被认为是欧洲最早的农民敬奉的一位戴面具的神。

◆牛 公元前4500～前2000年，岩画，发现于利比亚西南部阿杰尔高原。

◆双角女神 公元前4500～前2000年，岩画，发现于阿杰尔高原。

◆儿童木乃伊 公元前5000年，发现于智利北部海岸。

◆帕达林岩洞的壁画 公元前4000年，缅甸伊洛瓦底江沿岸。

◆长角公牛 公元前4000年，青铜，出土于波兰。

◆彩陶女神像 公元前4000年，出土于埃及玛尔雅慕。

◆纳米尔石板浮雕 公元前3100年，出土于埃及，表现了统一埃及的纳米尔国王的功绩。

◆母子陶像 公元前4000～前3000年，苏美尔时期，出土于两河流域乌尔。

◆成对的公牛金片 公元前4000年，出土于保加利亚，可能是衣物上的装饰。

◆木乃伊包裹 约公元前4000年，出土于秘鲁利马附近，里面是一个12岁的女孩，放在包着羊驼毛寿衣的篮子里。

◆毛花石肖像起人瓶 公元前3500～前3000年，苏美尔时期，出土于两河流域，瓶体雕刻着一个庄严的宗教场面，可能与母神的祭礼有关。

◆欧洲最早的轮子 公元前3200年，出土于瑞士苏黎世。

◆狮身人面像 公元前2570～前2544年，位于埃及开罗吉萨，是世界上最大的岩石雕像。

◆古萨金字塔 埃及第四王朝，从左至右，门卡乌拉金字塔，约公元前2490～前2472年，哈夫拉金字塔，约公元前2520～前2494年，胡夫金字塔，约公元前2551～前2528年。

◆裸体舞女 公元前3000年，青铜，巴基斯坦摩亨佐·达罗遗址出土的唯一一个金属人像。

◆水罐 公元前2600～前1800年，出土于希腊特洛伊。

◆拉荷切普王子夫妇像 公元前2575～前2465年，石灰石着色，出土于埃及。

◆群雁图 公元前2570年，出土于埃及，是古王国时期墓室壁画。

◆旗帜装饰 公元前3000年，苏美尔时期，出土于两河流域乌尔城，表现出征和胜利归来的场面。

◆坚琴演奏者 公元前2700～前2500年，大理石，出土于希腊克罗斯岛。

◆摩亨佐·达罗遗址 公元前2500～前1500年，印度河文明的代表遗址，位于今巴基斯坦境内信德地区印度河右岸，信德语意为"死者之丘"。

◆巨石阵 公元前2550～前1680年，位于英格兰，这些用巨石垒成的宗教性纪念建筑，是新石器时代欧洲重要艺术品。

◆法老孟考拉与王妃立像 公元前2500年，出土于埃及。

◆编制渔网 公元前2500～前2000年，出土安第斯山中部沿海地区的安孔。

◆滚筒印章 公元前2334～前2154年，绿石，出土于两河流域乌尔的阿卡德王朝时期，滚筒印章是西亚极具特色的一种印章形制。

◆纳拉姆·辛记功碑 公元前2500～前2000年，出土于两河流域，古代西亚阿卡德时期的纪念性雕刻作品。

◆怀孕的妇女 公元前2500～前2300年，大理石，出土于希腊基克拉迪群岛，可能代表大母神。

◆村长像 公元前2475年，出土于埃及，表现了一个略微肥胖的中年男子的形象。

三、本书分左右两栏，左栏为世界文明的内容，又按欧、非、美/大洋、亚四大洲自左向右排列；右栏为中华文明的内容。均按年代的顺序自上而下排列。左右对照，可了解同一时期不同文明的概貌；上下纵览，则可视为一洲一地的文明简史。

四、本书以诠释古代文明的古代文化遗迹、古代建筑遗存以及有关的造型艺术品为主，并尽量选择有准确创作年代的作品，以利于读者对比。

五、书中图片均附有简要的文字说明，注明作品的作者、创作年代及特征。

中　华

公元
前 5000 年

前5000－前3300年，
河姆渡文化

前5000－前3000年，
仰韶文化

前4300－前2500年，
大汶口文化

前 4000 年

前4000年，火烧沟
文化

前 3500 年

前3500－前2500年，
红山文化

前3300－前2200年，
马家窑文化
前3300－前2050年，
良渚文化

前 3000 年

前2697年，传为黄帝
纪元元年，黄帝为中
华民族的始祖

前2600－前2000年，
龙山文化

前 2500 年

前2500年，陶寺文化

前2100年，二里头文
化

前 2000 年

◆姜寨遗址复原图　公元前5000－前3300年。姜寨遗址位于陕西临潼姜寨骊山山麓的姜寨村。这张想象复原图展示了原始人的生存状态，分为居住区、烧陶窑场和墓地三部分。

◆姜寨葫芦形彩陶瓶、彩陶盆和半坡彩陶盆　公元前5000－前3000年。这三件原始陶器以人面鱼纹、鱼纹、蛙纹和鱼鸟结合纹为装饰对象，具有仰韶文化半坡类型的时代特色。

◆兽形陶器　公元前4300－前2500年。大汶口文化。这件盛水的陶器，被塑成狗的形状。体态丰满肥胖，生动有趣。

◆鹳鱼石斧彩绘陶缸　公元前5000－前3000年。河南临汝阎村出土，陶缸腹部绘着鹳衔鱼和石斧图案，是我国原始陶绘中罕见的艺术珍品。

◆鹰形黑尊　公元前5000－前3000年。陕西华县泉护村出土，是一件实用与美观紧密结合的史前雕塑作品。

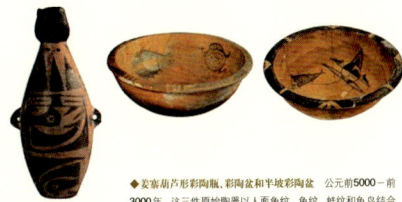

◆蚌塑龙虎　公元前5000－前3000年。河南濮阳西水坡出土，用蚌壳摆塑的龙虎形象伴于墓主的东西两侧，应与原始巫术有关。

◆白陶鬶　公元前4300－前2500年。大汶口文化。山东曲阜西夏侯遗址出土，煮水器具，造型美观且实用。口部有"流"便于倾倒，底部三空足可供生火加热，器身还加了把手。

◆牙雕形器　公元前5000－前3000年。河姆渡文化。上刻阴线图案，中间是一同心圆、圆周刻火焰，两侧为对称的长尾鸟，似双凤朝阳，有六个钻孔。

◆猪纹黑陶钵　公元前5000－前3000年。河姆渡文化。体表面刻有猪纹。尖喙、细耳、竖鬃，头部前伸低垂。双目圆睁，腹部微敛，使人看到了七千多年前猪的模样。

◆蛙形彩陶壶　公元前3300－前2200年。甘肃兰州土谷台出土，蛙纹极富装饰化，也有人认为是人形纹。

◆人形纹彩陶罐　公元前3300－前2200年。马家窑文化。青海柳湾出土，泥制红陶，罐身塑有裸体人像。

◆良渚文化玉器　公元前3300年－前2200年。良渚遗址群位于浙江余杭良渚，瓶窑、安溪三镇所辖范围，出土的玉琮等雕刻精美，多雕神人兽面图案。

◆陶塑女性头像　公元前3000年，辽宁建平牛河梁出土。泥塑头像与真人等大，颧骨突起，双眼中镶嵌着两块青色圆形玉片，颜具神秘色彩。

◆提梁彩陶罐　公元前3300－前2200年。青海民和官户台出土，泥质陶。胎呈橙黄色，口沿上置一拱形提梁。腹部饰由大小方格纹组成三角及粗线十字纹图案。

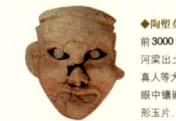

◆牛河梁遗址第二地点　公元前3000年，位于辽宁朝阳建平与凌源的交界处，努鲁尔虎山谷间的山梁上，其中的第二地点，有规模巨大的积石冢五座和积石坛一座。

◆玉钺　公元前2500年－前2400年。龙山文化，山东临朐朱封出土。由錾首和錾柄两部分组成。琢制精细。

◆陶塑裸体女像　公元前3000年。红山文化，牛河梁庙遗址出土。辽宁喀左东山嘴出土，这件陶塑怀孕裸女的形象，应与原始巫术有关。

◆玉龙　公元前3000年，红山文化，内蒙古翁牛特旗三星他拉村出土，龙体呈C字形，轮廓刚劲而优美，是原始社会玉雕中的杰作。

◆高柄黑陶杯　公元前2500－前2400年。龙山文化，山东日照东海峪出土，典型的蛋壳黑陶高柄杯，色泽光亮漆黑，胎壁薄如卵壳。

◆陶寺彩绘蟠龙陶盘　公元前2500－前2400年。龙山文化。陶寺类型遗址位于山西襄汾陶寺村南。这件盘中绘卷曲的蟠龙图形，是其中最富特征的器物。

◆透雕凤形玉佩　公元前2500－前2400年。龙山文化。湖南澧县孙家岗14号墓出土，凤鸟头顶羽冠，喙下垂一小兽，展翅卷尾，形神兼备。

公元
前800万年

前300万年，非洲古人
前200万年，爪哇人

◆露西　距今约400－300万年，是在埃塞俄比亚的哈达尔发现的原始南猿的完整化石标本的复原像，露西身高104－121厘米，脑容量小，臂长，腿短，可直立行走。原始南猿中男性的身高约150厘米。

前100万年

前70万年，奥杜韦文化，非洲能人

先绳纹时代（旧石器时代），60万年前－公元前1万年，日本列岛大约在60万年前开始有人类活动。以关东平原到越之国（今富山、新泻县一带）为线，可以将日本列岛分为东部和西部两部分，发现了包括打制石器、细石器、磨制石器在内的人类活动的遗物。

◆奥杜韦石器　公元前180万－前70万年，出土于坦桑尼亚奥杜韦峡谷，典型石器是砍砸器。

前50万年

印度旧石器时代（公元前50万－前1万年），这一时期的工具多系粗糙的石英石器物，早期索安文化的砍斫器和马德拉斯文化的手斧，中期石片文化的刮削器，晚期印度中、西部的细石器和南部的石片，从简陋到精致，从单调到丰富，逐渐显示出次大陆原始居民审美意识萌芽的最初迹象。

◆阿舍利手斧　距今约30万年，是欧洲旧石器早期阿舍利文化中最有特色的一种工具，也是史前时代第一种两面打制，加工精细的重型工具。

前20万年

朝鲜半岛的旧石器时代文化遗存，目前发现有四十余处，大致可分为三个时期，它的早期可以平安南道祥原郡黑隅里遗址出土的砾石器为代表，包括石核、石片、手斧、砍斫器和尖状器，采用最原始的碰击法和打击法制作，形式上找不到固定统一性，时间大约在几十万年以前。

◆勒瓦娄哇片状器　距今约17万年，勒瓦娄哇文化是欧洲旧石器中期至晚期的文化，其典型工具是边缘二次加工的片状器，并在考古学中被命名为勒瓦娄哇石头刨片技术。

前15万年

西亚旧石器中期开始于公元前12万年，在巴尔达巴勒卡遗址发现旧石器时代的人造石斧等工具。

前10万年

中华

◆森林古猿牙齿化石　距今约800万年。在云南开远县小龙潭煤矿发现10枚古猿牙齿化石，是迄今中国发现最早的古猿化石。

◆元谋人牙齿化石　距今170万年左右。在云南元谋县上那蚌村附近，发现直立人的左、右上内侧门齿两颗，属同一青年男性个体，是中国境内已知最早的人类化石。

◆郧县人头盖骨化石　距今100万年，是中国人类祖先"直立人"阶段保存最完好的头骨化石，出土于湖北郧县清曲镇弥陀寺村，这是其中的2号头骨。

◆郧县人砍砸器　郧县人遗址的石器使用锤击法打片，砾石石器较多，石器类型以砍砸器为主。

◆蓝田人复原像　距今80万年。蓝田人化石的形态比北京猿人更为原始。

◆蓝田公王岭　陕西蓝田县公王岭是中国人类的发源地之一，发现了距今约80万年前的蓝田直立人头骨化石。

◆北京人复原像　距今70－20万年前的北京人模样还保留着猿类的一些特征：前额向后倾斜，眉骨突出，鼻子扁平，嘴巴前伸。他们已学会用火。

◆周口店猿人洞　位于北京周口店龙骨山北坡，是一个天然大洞穴，大约70万－20万年前就有原始人类在这里繁衍生息。

◆北京人生活复原像　这是根据资料绘制的一幅北京人生活的想象图，描绘了北京人的生活情景。

◆金牛山人出土情况　距今约20万年，出土于辽宁营口金牛山，这批人类化石有较完整的头骨，脊椎骨和肋骨，属一青年男性个体，代表了从直立人向早期智人过渡的中间类型。

◆丁村人尖状器　距今约13万年。丁村遗址位于山西襄汾境内，发现旧石器两千多件，石片和石器均相当粗大，尖状器数量不多。

公元
前 800 万年

约800万年前，森林古猿

约170万年前，元谋人（云南）

约100万年前，郧县人（湖北）

前 100 万年

约80万年前，蓝田人（陕西）

约70万－20万年前，北京人

前 50 万年

前 20 万年

约19万年前，长阳人（湖北）

前 15 万年

约13万年前，丁村人（山西襄汾）丁村旧石器时代中期遗址

前 10 万年

	欧 洲	非 洲	美 洲／大洋洲	亚 洲

时间轴（左栏）：

- 公元前10万年
- 前5万年
- 前4万年
- 前4万年，现代人出现
- 前35000－前28500年，伊拉克沙达尔洞穴遗址
- 前35000年，出现最早的旧石器社会
- 前3万年
- 前3万年，奥瑞纳文化，克罗马农人
- 前2万年
- 前18000－前15000年，末次冰河时期
- 前1万年

欧洲

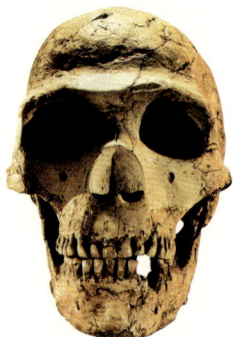

◆尼安德特人头骨化石　距今约7万年，因1856年发现于德国杜塞尔多夫的尼安德特河谷附近的洞穴而闻名，这是一个年龄在40－50岁的男性。

◆克罗马农人的工具　距今约4万年，石、骨质，克罗马农人是欧洲最早出现的现代人，当时人们所制造的产品都是实用的工具、武器和生活用具，形式完全服务于功能。

◆高斯科尔洞穴中的手印　这是一件史前的艺术作品，制作法是先将一只手掌按到洞壁上，然后再用中空的骨头向它上面吹粘土或炭灰。

◆野牛、马和犀牛　公元前30000-前28000年，法国肖维洞穴壁画，动物形象约实物一半大小。

◆威伦道夫的维纳斯　公元前3万年，石灰岩，出土于奥地利，是欧洲旧石器时代晚期小型女性石雕像的典型代表。

◆手持角杯的女神　公元前20000－前18000年，石板雕刻，出土于法国劳塞尔，属于欧洲奥瑞纳文化期。

◆野马　公元前15000－前13000年，法国拉斯科洞穴，是欧洲早期洞穴壁画的代表。

◆受伤的野牛　公元前15000－前10000年，西班牙阿尔塔米拉洞穴壁画。

非洲

人类最早的埋葬方式在非洲被发现。

在乌干达的桑戈地区发现公元前5万－前4万年的打制的石锄和砍刀，属于中石器时期。

公元前4万年，非洲出现最早的石刻艺术。

在阿尔及利亚发现公元前18000年的陶制人俑。

美洲／大洋洲

居住在北美的居民开始使用各种复杂的猎狩用石器，尤其是尖锐的石器，如：切割和剥皮的工具。

冰川时期（公元前70000－前12000年）蒙古人种的亚洲人经过白令海陆桥进入北美，后南下进入拉丁美洲。

公元前45000年在澳洲出现世界上最早的石刻艺术。

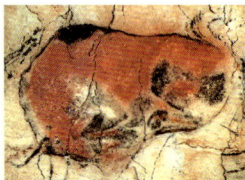

◆白令海峡图　最后一个冰河期，白令海峡地区为一片大草原，植物繁茂，野生动物成群，追猎者经常出没，约公元前4万年左右，亚洲人进入北美洲。

拉丁美洲的古代文明肇始于公元前2万年前，下限在1492年，共分五个阶段，分别是"石器时期"（约公元前20000－前6000年）、"古代时期"（约公元前6000－前2000年）、"前古典时期"（约公元前2000－公元250年）、"古典时期"（约公元250－900年）、"后古典时期"（约公元900－1492年）。

前12000－前10000年，古印第安人的足迹已遍布整个北美大陆，大型狩猎活动已经存在，在北美洲发现的许多尖锐的石器可以证明这一点。

◆北美猎人石工具　公元前10000－前5000年，广泛发现于北美大平原和岩石区。

亚洲

日本最早的土陶器，始见于今爱媛县的久万川彼岸的上黑岩洞穴，在距今约8万年的第四层位中出现了带有押线纹装饰的土陶器。

冰河时代的最后一个"冰期"大约始自7万年前，其最寒冷的时期为25000－15000年前。当时的日本人虽然也使用石刀型石器猎取古象、大角鹿等哺乳类动物作为食物，但更多地依靠采集森林中的树果等植物性食品维持生活。

西亚旧石器时期结束期文化，公元前60000－前45000年，在沙尼达尔洞D层发现一具身高1.60米的男子骨骼，是典型的尼安德特人。

西亚旧石器晚期文化，公元前45000－前10000年，在沙尼达尔洞C层发现细石器。

朝鲜半岛的旧石器时代文化遗存，目前发现有四十余处，大致可分为三个时期，它的中期可以石壮里刃状刮削器、尖状器和雕刻器为代表，时间大约距今3万－4万年。

公元前4万年，在东南亚首次出现石器。

◆陶罐　公元前11000年，日本，这是世界上已知最早的陶器。

中 华

约10万年前，北京周口店新洞人
许家窑人（山西阳高）
大荔人（陕西）

◆**许家窑人尖状器**　距今约10万年。许家窑旧石器时代遗址位于山西阳高境内，石器主要是刮削器和尖状器，用石锤直接修理而成，粗糙者多，精致者少。

约前5万年，小南海文化

前5万年，河套人

◆**河套人刮削器**　距今约5万年的河套人化石发现于内蒙古乌审旗大沟湾，属旧石器时代晚期，其出土的石器十分细小。

前28500年，峙峪文化

前28000年，舍牛山人

◆**峙峪文化石器**　峙峪遗址距今约3万年，位于山西朔州黑驼山脚下，出土了许多小型石器，修制规整如尖状器，雕刻器和刮削器。

前18000年，北京山顶洞人

◆**山顶洞人复原像**　距今18000年。山顶洞人生活于北京周口店地区，他们的体质形态，已经与现代人基本相同。

◆　**山顶洞人骨针**　距今18000年。这枚骨针长82毫米，直径3毫米，针身略弯，表面光滑，尖端很锋利，针孔很清楚，表明当时的人已能缝缀衣物。

◆**兴隆刻纹鹿角**　河北兴隆出土，这件已经石化了的鹿角，上面刻有图案，是我国旧石器时代的雕刻艺术品。

◆**山顶洞人装饰品**　距今18000年。山顶洞人的装饰品非常丰富，包括用于佩戴的穿孔兽牙、海蚶壳、小石珠、小石坠、鲩鱼眼上骨和刻沟的骨管等。

前14000年，猫猫洞文化

公元 前1万年	欧 洲	非 洲	美 洲 / 大洋洲	亚 洲
前1万年，发明弓箭	 ◆驯养牲畜　公元前10000－前3000年，西班牙拉文特岩画，是欧洲中石器时代艺术的代表。	 ◆保护幼象的大象　公元前9000年，费赞岩刻，发现于撒哈拉的阿特拉斯山脉。		 ◆杰里科居民头像模型　公元前1万年，出土于巴勒斯坦境内。

前9000年

带有兽皮衣服痕迹的准黑人型的遗骸，公元前9000年发现于阿卡库斯，可以证实撒哈拉地区的居民包含有黑人人种。

公元前8500年美洲出现农作物，辣椒、土豆等。

◆猎狩　公元前10000－前3000年，西班牙拉文特岩画。

◆撒哈拉岩画　公元前8500－前2000年，在雅巴兰发现，表现的是正在放牧的早期牧人。

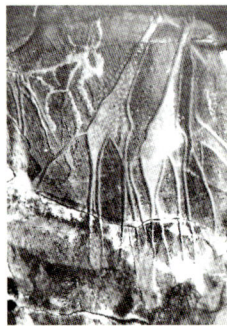

◆狩猎图　公元前8000年以前，岩画，发现于秘鲁中部古文化遗址芳里科查第三洞穴。

◆杰里科的瞭望塔　建于巴勒斯坦，是用劈开的石头围砌而成。

公元前9000－前7000年，两河流域东部山区出现原始新石器时期文化，典型的遗址是沙尼达尔洞B1层和其夏季营地扎维克米（相隔4205米）卡瑞姆沙希尔、内姆里科（底格里斯河岸上）。

猎狩部落的人们开始移往斯堪的那维亚半岛。

前8000年

前8000年，近东开始农耕

◆长颈鹿　公元前8000－前6000年，岩刻，发现于费赞的马坦杜拉山谷。

◆古岩画　约公元前8000年，发现于塔克纳地区托克帕拉山洞。

20世纪20年代，法国考古学家M.科拉尼在越南和平省的东部和西部发现中石器至新石器时期的文化遗址，其年代是公元前8000－前4000年之间。

前7000年

前7000－前6000年，土耳其哈塔尔休于遗址

旧石器后期，公元前7000－前5000年，墨西哥境内出现举行庆典的中心和特殊的艺术形式。

农业耕作从亚洲传入欧洲。

◆箭头　公元前7000－前4500年，燧石，出土于埃及。

◆考斯特遗址　公元前6000年以前，位于美国密苏里州。

◆石杵和石臼　公元前7000－前4000年，出土于伊拉克，表明那时的人们开始使用石杵和石臼来碾磨大麦和小麦。

公元前6200年，农业技术沿地中海传播到南意大利和西西里岛。

前6000年

前6000年，近东首次出现毛织品

美洲"古代时期"（公元前6000－前2000年左右）

公元前5400年，中欧出现以农业为主的村庄，标志着欧洲新石器时代开始。

公元前6000年，农业和畜牧业在北部非洲，尤其是尼罗河流域开始。

前5000年，美洲特斯科科湖猎人种植玉米

◆安第斯山骆马群图　公元前6000－前4000年，红白相间岩画，发现于秘鲁。

◆女性小雕像　公元前6000年，出土于两河流域都尔－索汪，特点是描黑了的夸张的大眼睛，高鼻梁，浑圆的身体和尖耸的乳房。

前5000年

中 华

◆玉蟾岩遗址 距今约1万年以上。俗称蛤蟆洞，位于湖南道县寿雁镇白石寨村，在这里出土了水稻谷壳和原始陶片。

◆玉蟾岩出土稻谷 距今约1万年以上。玉蟾岩遗址先后共出土稻谷四枚，这是目前所知人类栽培水稻最早的稻谷遗存。

◆玉蟾岩陶釜 距今约1万年以上。玉蟾岩遗址内出土有制作粗糙的原始陶器，复原后呈釜形器，这是目前中国最早的陶器。

◆贾湖遗址石磨盘、磨棒 公元前7000－前5800年。位于河南中部。这里发现了石铲、石镰、磨盘、磨棒等很有特色的农具和粮食加工用具。

◆贾湖遗址骨笛 公元前7000－前5800年。贾湖遗址出土了世界上迄今为止最早，保存最完整的一批管乐器，系用鹤类尺骨钻孔制成，有二孔、五孔、六孔、七孔和八孔笛，长度大约为17.3－24.6厘米，直径为0.9－1.72厘米。

◆贾湖遗址刻符龟甲 公元前7000－前5800年。贾湖遗址发现的刻符龟甲上的符号，是迄今为止人类所知最早的文字雏形。

◆兴隆洼玉玦 公元前6200－前5400年。内蒙古兴隆洼文化玉器以装饰功能为主，是国内迄今所知年代最早的真玉器之一。

◆陶刻面具 公元前6000－前5000年。河北易县北福地出土。大者如真人面部，小者10厘米左右，有人面像和兽面像，采用平面浅浮雕、阳刻、阴刻、镂空相结合的手法。

◆兴隆洼聚落遗址 公元前6200－前5400年。位于内蒙古赤峰敖汉旗宝国吐乡兴隆洼村，发现房址170余座，窖穴300余座，居室墓葬30余座。

◆兴隆洼筒形陶罐 手制夹砂陶，器表布满纹饰。

◆陶盂和支架 公元前5400－前5100年。磁山文化遗址位于河北武安磁山，遗物中以陶盂和陶支架（座）最具特点。

公元前1万年

前9000年

前8000年
前8000年，玉蟾岩遗址

前7000年

前7000－前5000年，裴李岗文化

前6200－前5400年，兴隆洼文化

前6000年

前5400－前5100年，磁山文化

前5000年

欧　洲　　　　非　洲　　　　美　洲／大洋洲　　　　亚　洲

左侧时间轴

公元
前5000年

前5000－前3000年，
欧洲尼石文化

前4000年

前4000年，青铜器铸造开始
前4000年，苏美尔文明形成

前3500年

前3500年，苏美尔人发明轮子和犁
前3500年，南美洲种植棉花
前3200年，纳米尔统一上、下埃及

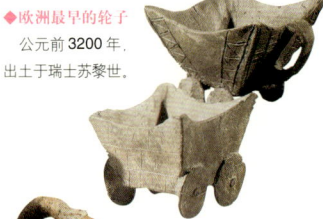

前3100－前2570年，埃及早王朝时代

前3000年

前3000年，美索不达米亚发展楔形文字，开始有了文字记载的历史

前3000年，埃及人已制造出了世界上最早的太阳历
前3000年，尼罗河下游地区制成莎草纸
前3000年，爱琴文明开始

前2570年，埃及古王国建立

前2500年

前2371－前2230年，苏美尔－鲁卡代王朝
前2350－前1750年，印度哈拉帕文化
前2350年，埃及早期宗教文献《金字塔铭文》
前2212－前2004年，苏美尔早期英雄史诗《吉尔伽美什》
前2040－前1786年，埃及中王国时代
前2050年，米诺斯文明开始形成

前2000年

欧洲

◆农神塑像　公元前4500年，出土于匈牙利，被认为是欧洲最早期的农民敬奉的一位戴面具的神。

◆长角公牛　公元前4000年，青铜，出土于波兰。

◆成对的公牛金片　公元前4000年，出土于保加利亚，可能是衣物上的装饰。

◆欧洲最早的轮子　公元前3200年，出土于瑞士苏黎世。

◆水罐　公元前2600－前1800年，出土于希腊特洛伊。

◆竖琴演奏者　公元前2700－前2500年，大理石，出土于希腊克罗斯岛。

◆巨石阵　公元前2550－前1680年，位于英格兰，这些用巨石垒成的宗教性纪念建筑，是新石器时代欧洲重要艺术品。

◆怀孕的妇女　公元前2500－前2300年，大理石，出土希腊于基克拉迪群岛，可能代表大母神。

非洲

◆牛　公元前4500－前2000年，岩画，发现于利比亚西南部阿杰尔高原。

◆双角女神　公元前4500－前2000年，岩画，发现于阿杰尔高原。

◆彩陶女神像　公元前4000年，出土于埃及玛尔雅墓。

◆纳米尔石板浮雕　公元前3100年，出土于埃及，表现了统一埃及的纳米尔国王的功绩。

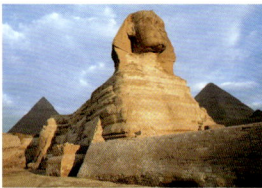

◆狮身人面像　公元前2570－前2544年，位于埃及开罗吉萨，是世界上最大的岩石雕像。

◆吉萨金字塔　埃及第四王朝，从左至右：门卡乌拉金字塔，约公元前2490－前2472年，哈夫拉金字塔，约公元前2520－前2494年，胡夫金字塔，约公元前2551－前2528年。

◆拉荷切普王子夫妇像　公元前2575－前2465年，石灰石着色，出土于埃及。

◆群雁图　公元前2570年，出土于埃及，是古王国时期墓室壁画。

◆法老孟考拉与王妃立像　公元前2500年，出土于埃及。

◆村长像　公元前2475年，出土于埃及，表现了一个略微肥胖的中年男子的形象。

美洲／大洋洲

◆儿童木乃伊　公元前5000年，发现于智利北部海岸。

◆木乃伊包裹　约公元前4000年，出土于秘鲁利马附近，里面是一个12岁的女孩，放在包着羊驼毛寿衣的篮子里。

◆棉制渔网　公元前2500－前2000年，出土于安第斯山中部沿海地区的安孔。

◆滚筒印章　公元前2334－前2154年，绿石，出土于两河流域乌尔的阿卡德王朝时期，滚筒印章是西亚极具特色的一种印章形制。

亚洲

朝鲜新石器时代至乐浪时代，公元前5000－前1000年，该时期的主要代表为篦纹陶器，它是一种以泥条盘筑法制成的红褐色或灰褐色的大口深腹罐类陶器，底部富于变化，器表用篦状器和贝壳压印出密集的篦纹，因而被称为篦纹纹陶。这个时代也叫做篦纹陶文化时代。

日本绳纹时代末期，食物结构由动物、鱼类、贝壳转向农作物，激发起日本远古居民发展大规模农业生产的渴求。

◆帕达林岩洞的壁画　公元前4000年，缅甸伊洛瓦底江沿岸。

◆母子陶像　公元前4000－前3000年，苏美尔时期，出土于两河流域乌尔。

◆雪花石膏祭祀大瓶　公元前3500－前3000年，苏美尔时期，出土于两河流域，瓶体雕刻着一个庄严的宗教场面，可能与母神的婚礼有关。

◆裸体舞女　公元前3000年，青铜，巴基斯坦摩亨佐·达罗遗址出土的唯一一个金属人像。

◆旗标装饰　公元前3000年，苏美尔时期，出土于两河流域乌尔城，表现出征和胜利归来的场面。

◆摩亨佐·达罗遗址　公元前2500－前1500年，印度河文明的代表遗址，位于今天巴基斯坦境内信德地区印度河右岸，信德语意为"死者之丘"。

◆纳拉姆辛记功碑　公元前2500－前2000年，出土于两河流域，古代西亚阿卡德时期的纪念性雕刻作品。

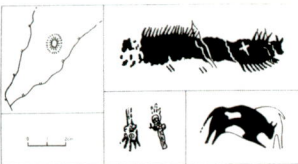

中 华

公元
前 5000 年

前 5000－前 3300 年，河姆渡文化

前 5000－前 3000 年，仰韶文化

前 4300－前 2500 年，大汶口文化

前 4000 年

前 4000 年，火烧沟文化

前 3500 年

前 3500－前 2500 年，红山文化

前 3300－前 2200 年，马家窑文化
前 3300－前 2050 年，良渚文化

前 3000 年

前 2697 年，传为黄帝纪元元年，黄帝为中华民族的始祖

前 2600－前 2000 年，龙山文化

前 2500 年

前 2500 年，陶寺文化

前 2100 年，二里头文化

前 2000 年

◆姜寨遗址复原图　公元前5000－前3000年。姜寨遗址位于陕西临潼姜寨骊山山麓的姜寨村，这张想象复原图展示了原始人的生存状态，分为居住区、烧陶窑场和墓地三部分。

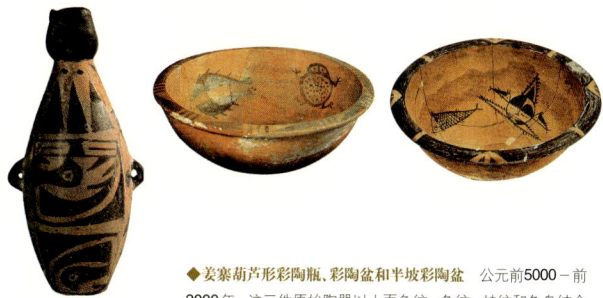

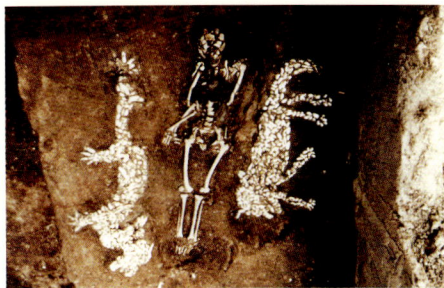

◆蚌塑龙虎　公元前5000－前3000年，河南濮阳西水坡出土。用蚌壳摆塑的龙虎形象伴于墓主的东西两侧，应与原始巫术有关。

◆鹰形黑陶尊　公元前5000－前3000年。陕西华县泉护村出土，是一件实用与美观紧密结合的史前雕塑作品。

◆牙蝶形器　公元前5000－前3000年，河姆渡文化。上刻阴线图案，中间是一同心圆，圆周刻火焰，两侧为对称的长尾鸟，似双凤朝阳，有六个镂孔。

◆猪纹黑陶钵　公元前5000－前3000年，河姆渡文化。钵体表面刻有猪纹，尖嘴、细耳、竖鬃，头部前伸低垂，双目圆睁，腹部微鼓，使人看到了七千多年前猪的模样。

◆良渚文化玉器　公元前3300年－前2200年。良渚遗址群位于浙江余杭良渚、瓶窑、安溪三镇所辖范围，出土的玉琮等雕刻精美，多雕神人兽面图案。

◆陶塑女性头像　公元前3000年。辽宁建平牛河梁出土，泥塑头像与真人等大，颧骨突起，双眼中镶嵌着两块青色圆形玉片，颇具神秘色彩。

◆提梁彩陶罐　公元前3300－前2200年。青海民和官户台出土。泥质陶，胎呈橙黄色，口沿上置一拱形提梁，腹部饰由大小方格纹组成三角及粗线十字纹图案。

◆陶塑裸体女像　公元前3000年，红山文化，牛河梁女神庙遗址。辽宁喀左东山嘴出土。这件陶塑怀孕裸女的形象，应与原始巫术有关。

◆玉龙　公元前3000年，红山文化。内蒙古翁牛特旗三星他拉村出土。龙体呈C字形，轮廓刚劲而优美，是原始社会玉雕中的杰作。

◆高柄黑陶杯　公元前2500－前2400年，龙山文化。山东日照东海峪出土。典型的蛋壳黑陶高柄杯，色泽光亮漆黑，胎壁薄如卵衣。

◆姜寨葫芦形彩陶瓶、彩陶盆和半坡彩陶盆　公元前5000－前3000年。这三件原始陶器以人面鱼纹、鱼纹、蛙纹和鱼鸟结合纹为装饰对象，具有仰韶文化半坡类型的时代特色。

◆兽形陶器　公元前4300－前2500年，大汶口文化。这件盛水的陶器，被塑成狗的形状，体态丰满肥胖，生动有趣。

◆白陶鬶　公元前4300－前2500年，大汶口文化。山东曲阜西夏侯遗址出土。煮水器具，造型美观且实用，口部塑"流"便于倾倒，底部三空足可供火烧加热，器身还加了把手。

◆鹳鱼石斧彩绘陶缸　公元前5000－前3000年，河南临汝阎村出土。陶缸腹部绘鹳鸟衔鱼和石斧图案，是我国原始陶绘中罕见的艺术珍品。

◆蛙形彩陶瓮　公元前3300－前2200年。甘肃兰州土谷台出土，蛙纹极富装饰化，也有人认为是人形纹。

◆人形纹彩陶罐　公元前3300－前2200年，马家窑文化。青海柳湾出土，泥制红陶，罐身塑有裸体人像。

◆玉簪　公元前2500年－公元前2400年，龙山文化，山东临朐朱封出土。由簪首和簪柄两部分组成，琢制精细。

◆牛河梁遗址第二地点　公元前3000年。位于辽宁朝阳建平与凌源的交界处，努鲁尔虎山谷间的山梁上，其中的第二地点，有规模巨大的积石冢五座和积石坛一座。

◆陶寺彩绘蟠龙陶盘　公元前2500－前2400年，龙山文化。陶寺类型遗址位于山西襄汾陶寺村南。这件盘中绘着卷曲的蟠龙图形，是其中最富特征的器物。

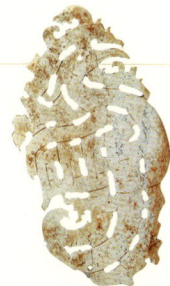

◆透雕凤形玉佩　公元前2500－前2400年，龙山文化。湖南澧县孙家岗14号墓出土，凤鸟头顶羽冠，曲颈长喙，喙下置一小兽，展翅卷尾，形神兼备。

公元
前 2000 年

前2000年，克里特发展出线性文字A

前2000年，欧洲进入青铜时代

◆谢尔塞努特一世方尖碑 公元前1920年，建于埃及，它由一块整石凿成，是献给太阳神的，是太阳光芒的象征。

◆契瓦拉羚羊顶饰 公元前2000年，出土于马里，这是一种面具顶饰。

美洲"前古典时期"（约公元前2000－公元250年）

◆祭坛 约公元前2100年，位于伊拉克乌尔城，此图为其东北面，楼梯为后来修复。

◆绳纹陶器 约公元前2000年日本绳纹早期，陶器在口沿制作高高扬起的装饰性把手，好像火焰一样，被称作火焰形陶器。

前 1900 年

前1900年，埃及人发明玻璃

◆祭司壁画 公元前1900－前1450年，出土于克里特米诺斯王宫。

◆饲养羚羊壁画 公元前1880年，出土于埃及贝尼哈桑霍姆荷太普二世墓。

◆赫索斯特里斯三世肖像 公元前1860年，片岩，是埃及中王国时期最出色的肖像雕刻之一。

◆瘤牛 公元前2000年初，巴基斯坦摩亨佐·达罗遗址。

◆手持水瓶的女神 公元前1850－前1750年，喷泉雕塑，出土于两河流域马里宫殿觐见大厅内。

前 1800 年

前1792年，古巴比伦王国建立

前1760年，最早、最完备的成文法典《汉谟拉比法典》

前1725年，希克索斯人将马车引入埃及

◆蜂形垂饰 公元前1800－前1600年，克里特文明时期的金属工艺品。

◆皇家墓室 公元前18世纪，位于努比亚的迈尔凯附近。

◆侈口陶罐 公元前1750－前1500年，柯玛王国古典时期陶器，出土于努比亚。柯玛文化陶器的特点是黑色的瓶口下面有一条银色带。

◆人形壶 公元前1800－前500年，彩陶，发现于厄瓜多尔马纳比省，属于乔雷拉时期的工艺品，作祭祀用。

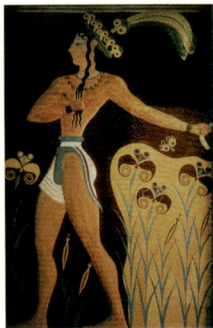

◆汉谟拉比法典 公元前1800－前1700年，黑色玄武岩石碑，出土于两河流域苏萨地区，是世界上发现最早的成文法律，是研究古巴比伦经济制度与社会法治制度的重要文物，还是古巴比伦艺术的代表。

前 1700 年

前1700年，巴比伦数学繁荣，已经使用整数、分数和平方根

◆马拉金碟 青铜镀金，出土于丹麦，碟子可能象征斯堪的那维亚居民的信仰——太阳。

◆雕刻家的墓穴壁画 公元前1600年，出土于埃及底比斯的德尔麦迪纳的一座雕刻家的墓室。

吠陀时代（约公元前1700－前600年）《吠陀》是来自中亚的游牧民族雅利安人的圣典，伴随着雅利安人的入侵和东进，印度文明的中心逐渐转移到恒河流域，史称吠陀时代文化或恒河文化，雅利安人崇拜太阳、雷雨、火焰、河川等自然现象及人格化的吠陀诸神。从吠陀时代到孔雀王朝约1500年间，目前尚未发现造型艺术遗品，但吠陀后期和后吠陀时代相继产生的婆罗门教（印度教的前身）、耆那教和佛教，却成为历史时代印度美术的主题。

前 1600 年

前1600－前1100年，迈锡尼文明

前1567－前1085年，埃及新王国时代

◆持蛇女神 公元前1600年，彩陶，表现的是克里特的母神，头上的鸽子象征神圣，手中的蛇则是她与地狱之间联系的符号。

◆金面具 公元前1600－前1500年，这件雕像曾被认为是传说中的阿伽门农，出土于希腊迈锡尼。

◆死者之书 公元前1550－前1075年，埃及富有的埃及人在死后要带着死者之书，有助于其保持永恒。

◆哈特谢普苏特女王享殿 约公元前1473－前1458年，建于埃及，是埃及最杰出的建筑之一。

◆彩纹刻线纹壶（罐） 公元前1600－前1300年，泰国东北部地区。

前 1500 年

中 华

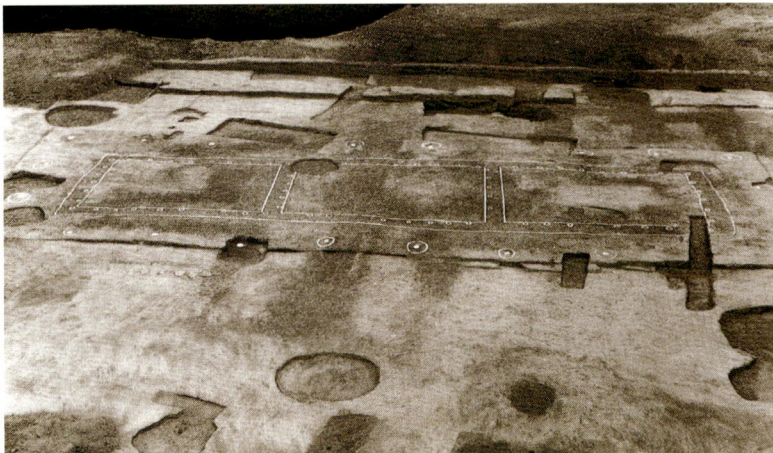

◆二里头二号宫殿主体殿堂基址　公元前2000－前1600年，二里头遗址位于河南偃师二里头村，是夏代都城遗址。其二号宫殿主体殿堂，为一座面阔3间的殿堂建筑，庭院东西两侧有内廊房，南面设一排里外复廊，中间置大门，庭院地下置陶质排水管道设施。

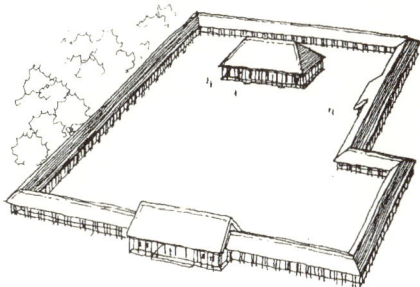

◆青铜斝、盉、爵　公元前2000－前1600年，二里头遗址出土。是中国古代青铜器的早期形式。

◆二号宫殿复原图　公元前2000－前1600年，二里头二号宫殿的布局，以大型的独体宫殿为中心，组成庭院和封闭性的回廊建筑。

◆嵌绿松石铜饰牌　公元前2000－前1600年，二里头遗址出土。饰物位于墓主人的胸部，可能代表了墓主人的特殊身份。以绿松石嵌出兽面，图案极富装饰效果。

◆绿松石龙形器　公元前2000－前1600年，二里头遗址出土。全长逾70厘米，由2000余片各种形状的绿松石片组合而成，制作之精，体量之大，在中国早期龙形文物中十分罕见。

◆北放水遗址陶鬲、陶盆、陶瓮　北放水遗址位于河北唐县高昌镇北放水村，出土器物以长颈袋足鬲和蛋形圈足瓮最具特征。

◆偃师商城宫城西部宫殿基址　公元前1600年，偃师商城是商前期的都城遗址，包括大城、小城、宫城三重城垣，宫城内分布着若干宫殿，西部宫殿是由多座主体殿堂与附属廊庑组合成的多进院落的建筑群。

◆大青铜鼎　商前期。河南郑州张寨南街杜岭出土。为当时青铜器的代表作。

公元
前2000年

约前21世纪－前16世纪，夏

前1900年

前1800年

前1700年

前1600年

前1600年，偃师商城遗址，早商文化的发源地

前1600－前1100年，商

前1500年

前 1500 年

前1500年，克里特发展出线性文字B

约前1500年左右，雅利安人征服印度河流域

前1450年，迈锡尼人征服米诺斯

欧 洲

◆斗牛士壁画　公元前1500年，克诺索斯王宫壁画，描绘了女斗牛士训练演员斗牛的场面。

◆牛首形酒器　公元前1500－前1450年，冻石，克里特岛出土，用来盛放圣液。

◆金圆锥　公元前1500－前1250年，出土于法国，大约是铜器时代中期的遗物，一些学者认为是太阳的象征。

前 1400 年

前1400年，中美洲奥尔梅克文明出现

前 1300 年

◆迈锡尼狮子门　公元前1250年，是迈锡尼卫城的主要入口。

前 1200 年

前1200年，犹太教开始

前1200年，印度诗歌本集《梨俱吠陀》

前1200年，中美洲奥尔梅克文明开始

希腊荷马时期（前11－前8世纪中期），进入铁器时代

◆彩陶罐　公元前1200年，是迈锡尼文明晚期的作品，上面描绘了军队行进的场景。

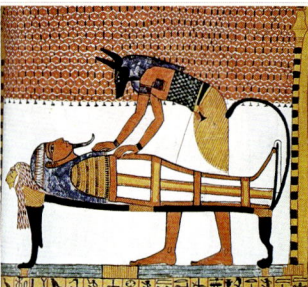

前 1100 年

前1100年，腓尼基人发明字母

◆赫拉克勒斯与萨提洛斯塑像　青铜，出土于希腊，是荷马时期的作品。

前 1000 年

非 洲

◆三个女乐师　公元前1425年，壁画，漆地设色，出土于埃及图特摩斯四世纳赫特墓。画面表现了三个少女，动势得当，节奏感强，色彩协调明快，其突出的特点是线条美。

◆图坦卡蒙黄金面具　公元前1340年，埃及底比斯。

◆纳菲尔提提胸像　公元前1360年，出土于埃及。是埃赫那顿的宗教改革引发的艺术改革的代表作，表现了埃赫纳顿之妻。

◆阿布－辛姆贝勒神庙　公元前1250年始建于底比斯以外的阿布－辛姆贝勒，岩壁前四尊与山体相连的拉美西斯二世巨像是王权的集中体现。

◆卡纳克神庙的圆柱大厅　公元前1290年建于埃及。

◆寒奈狄姆墓壁画　公元前1150年，出土于底比斯的一个皇族墓穴，表现了阿努比斯神观看死者木乃伊的情景。

◆奥西里斯面前的最后审判　公元前1070－前943年，出土于埃及，是《死者之书》的插图，表现了冥王奥西里斯正在主持审判。

◆人身羊首神像　公元前1085－前332年，出土于埃及。

美 洲 / 大 洋 洲

◆雕刻饰板：男人头像　公元前1500－前400年，翡翠，奥尔梅克艺术，墨西哥城国立人类学博物馆。

◆双面女人像　公元前1300－前800年，陶塑，墨西哥特拉蒂尔科艺术。

◆母子塑像　公元前1300－前800年，陶塑，墨西哥特拉蒂尔科艺术，特拉蒂尔科是奥尔梅克的制陶中心。

◆庙宇正门　公元前1200－前300年，秘鲁查文风格。

◆杂技表演者　约公元前1100年－前500年，陶塑，墨西哥特拉蒂尔科艺术，这是一个人形水瓮。

亚 洲

公元前1500－前1000年，泰国出现圆球形带绳纹装饰的陶罐，肩部雕刻或绘有图案。

◆车轮状青铜辔　公元前15－前7世纪，出土于伊朗高原洛雷斯坦。这是马具的重要部件。

◆狮子门　约公元前1400年，石灰石，位于土耳其波哈兹邱，该地是曾与巴比伦王国抗衡的西台帝国首府。

公元前1305－前1274年，亚述的阿达德尼腊瑞一世修建亚述城的工程有功绩，这个时期又重修了亚述和伊什塔尔神庙，加固了亚述城内沿河的防波堤，并在城内挖了排水沟，以防止水患。

◆秋迦－扎布尔神殿和宫殿　公元前13世纪埃兰王国代表建筑，建于伊朗高原苏萨东南。

◆金人物像饰件　公元前12－前11世纪，出土于伊朗高原马尔利克，原是一件器物顶端的装饰。

中 华

◆**刻辞龟甲** 商，河南安阳花园村出土，商代使用龟甲、兽骨作为书刻载体（即甲骨文），说明殷商时期文字已相当成熟，这片龟甲共刻56字，主要内容是高级贵族外出打猎能否捕获到野兽。

◆**殷墟侯家村1002大墓发掘现场** 殷墟位于河南安阳西北小屯村，商晚期都城遗址，1934年－1935年在安阳殷墟侯家庄西北冈进行了3次发掘，发掘大墓7座，这些大墓都有4条墓道，这是著名的1002号墓。

◆**安阳殷墟郭家庄车马坑** 表明我国在商晚期已使用前驾二马的双轮马车。

◆**青铜司母戊鼎** 商晚期，河南安阳侯家庄武官村出土，重832.84千克，高133厘米，是迄今为止出土的最大最重的青铜器。鼎腹内壁铸有铭文"司母戊"。

◆**青铜偶方彝** 商晚期，安阳殷墟妇好墓出土，妇好为商王武丁配偶，盖似屋顶形，器内有铭文"妇好"两字，为商代青铜器中的珍品。

◆**玉凤** 商晚期，安阳殷墟妇好墓出土，长尾自然弯曲，琢磨精巧。

◆**青铜兽面具** 公元前1200－前1000年，三星堆文化。这件铜兽面具是三星堆文化独具特色的青铜器，额部正中有方孔，双眼眼球呈柱状外凸，向前伸出约30厘米，双耳向两侧充分展开，整个造型意象神秘，风格雄奇华美。

◆**青铜人立像** 公元前1200－前1000年，三星堆文化，是中国迄今出土最大的青铜人物造像，通高260厘米，它可能是古蜀王国巫师形象的塑造。

◆**西周车马坑** 西周，武王至厉王时期，位于陕西长安马王镇张家坡村附近，车马坑内有两辆木质单辕马车。

◆**青铜利簋（武王伐纣簋）** 西周，武王时期，陕西临潼零口出土。内底铸铭文32字，记述周武王克商后第八天做此器，是研究周武王伐纣历史的重要文物。

◆**青铜何尊** 西周，成王时期。这是周成王时期宗族中的一位名何的人所作的青铜器，器内底铭文现存122字，记述周成王继续营造洛邑，并在祭典上对皇室子弟的训诰，为研究西周初年历史提供了珍贵资料。

欧 洲	非 洲	美 洲 / 大洋洲	亚 洲

欧 洲

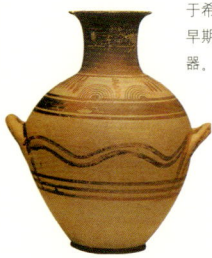

◆ 几何纹陶瓶　出土于希腊，是荷马时期早期的几何纹样式陶器。

◆ 青铜马　古希腊，几何式造型的雕塑。

◆ 伊特鲁里亚墓室壁画　公元前800－前300年，古罗马早期文明。

◆ 狄庇隆陶罐　公元前760年，是希腊荷马时期几何风格的器物。

◆ 袭击少年的牡狮　腓尼基，这幅象牙饰板巧妙地将埃及与西亚的风格结合在一起。

◆ 青年男子雕像　约公元前600年，大理石，古希腊，是古风时期的典型样式，明显是受到古埃及风格的影响。

◆ 阿喀琉斯与埃阿斯玩骰子陶瓶　约公元前540－前530年，古希腊，黑绘陶器风格。

非 洲

迦太基遗址古城（公元前9世纪末期），在第三次布匿战争中被夷为平地，公元前122年罗马重建，公元698年被阿拉伯军队彻底毁灭。迦太基城最古老部分位于比尔萨山下，是迦太基城的中心，残存生殖女神塔甩特的圣殿以及罗马时代的神庙，公共浴场等。1979被列入世界文化遗产。

◆ 卡劳芬玛王后立像　公元前950－前730年，出土于埃及。

◆ 木乃伊盖板　约公元前945年，出土于埃及。盖板上描绘了一组表现死者来世的图案。

◆ 阿蒙雕像　公元前945－前712年，金制，埃及。

◆ 公羊头护身符　公元前712－前657年，出土于埃及或努比亚。

◆ 水晶球护身符　公元前8世纪，出土于库施遗址。

◆ 祭司头像　公元前664－前525年，出土于埃及。

◆ 黑曜石和玻璃眼珠　公元前600年，出土于埃及和桑哈杰尔。这种眼形物体用来镶嵌在雕像或是人形木棺、木乃伊面具上。

美 洲 / 大洋洲

◆ "豹人"墓葬面具　公元前1000年，绿宝石，墨西哥奥尔梅克文明。

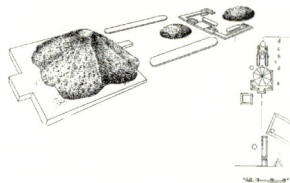

◆ 拉文达城重现图　公元前900－前400年，墨西哥奥尔梅克文明，圣罗伦索被摧毁后，拉文达城成为奥尔梅克新的中心，城市的规划布局都呈更严密的几何形，代表了中美洲地区古典时期后期和后古典时期建筑发展的主线。

◆ 巨石头像　公元前850－前150年，墨西哥奥尔梅克文明。

◆ 嚎哭的人像　公元前800年－前200年，墨西哥奥尔梅克文明，奥尔梅克的雕刻人像均为男性。

◆ 阿德纳烟斗　公元前500－公元1年，出土于美国俄亥俄州，形象为一个侏儒。

亚 洲

◆ 比姆贝特卡岩画　公元前1000年，印度，比姆贝特卡岩画是世界上规模最大的岩画群之一。

◆ 怪兽帕苏苏　公元前1000－前500年，亚述青铜雕刻，出土于两河流域，表现了一个神话形象，常被安置在大门的两侧翼牛像后。

◆ 垂死的母狮　公元前883－前859年，出土于两河流域亚述的尼尼微宫，是亚述时期浮雕艺术最著名的代表作之一。

◆ 亚述射手阻击敌人　约公元前875－前860年，出土于两河流域亚述王宫遗址。

◆ 蒙娜丽莎　公元前9世纪末，两河流域尼姆鲁德出土，少女丰满的脸颊和端庄的五官使人想起达芬奇的《蒙娜丽莎》，故得名。

◆ 人首翼牛神兽　公元前8世纪，出土于两河流域亚述王宫遗址。

◆ 浮雕泥板　公元前600年巴比伦的地球地图，有两河流域，其中心是巴比伦。

◆ 伊什塔尔门　公元前575年，建于两河流域巴比伦，新巴伦城最为著名的北门，以丰饶女神伊什塔尔命名。

中 华

◆瘐簋　西周，陕西扶风县白村出土，矮体宽腹，下有方座，是周人特有的器型。

◆青铜史墙盘　西周，恭王时期，陕西扶风庄白村出土，盘内铸铭文 284 字，记述开国以来的史实及史墙自身的家世，铭文字形整齐划一，表现出端庄而不呆板的艺术风格。

◆青铜禁　公元前558年－前552年，春秋时期，河南淅川下寺二号墓出土。禁为承置酒器之案，其器身用铜梗相互套结成透雕的云纹，12只龙形异兽攀缘于禁之四周，另 12 只蹲于禁下为足，是目前我国失蜡铸造工艺最早的铸品之一。

◆王子午鼎　公元前558年－前552年，春秋时期，河南淅川下寺二号墓出土，鼎腹内壁铸有铭文86字，记王子午铸鼎之事，鼎的外部装饰繁缛细致。

◆天马－曲村西周玉牌联珠串饰　山西侯马天马－曲村出土，玉牌呈青绿色，梯形，镂空作相背的双鸟纹，出土时位于墓主人右股骨的外侧。

◆青铜莲鹤方壶　春秋晚期，河南新郑李家楼春秋郑国大墓出土，此壶造型庄重，设计精致，充分反映了春秋时期青铜工艺的新风貌。

◆青铜鸳鸟尊　公元前497年，春秋晚期，山西太原金胜村晋国赵卿墓出土，器形为一昂首挺立的鸷鸟，中空以盛酒，背部有虎形提梁。

先师孔子行教像

德侔天地道冠古今
删述六经垂宪万世

◆青铜虎形灶　公元前497年，春秋晚期，山西太原金胜村晋国赵卿墓出土，灶身铸成虎形，虎尾是烟囱，虎口是灶门，腹腔是火膛，构思奇巧。

◆孔子像　孔子（公元前551－前479年），春秋晚期思想家、政治家、教育家，儒学学派的创始人，鲁国陬邑（今山东曲阜东南）人。孔子的思想及学说对后世产生了极其深远的影响。

◆青铜方壶　公元前497年，春秋晚期，山西太原金胜村晋国赵卿墓出土，壶造型优美，颈部的兽形耳与盖上的莲花瓣，相映成趣。

◆越王勾践剑（左）　公元前496年，春秋晚期，湖北江陵纪南城一号楚墓出土，近格处有铭文"越王勾践自作用剑"。

◆吴王夫差矛（右）　春秋晚期，湖北江陵马山5号楚墓出土，矛为青铜铸造，两面有黑色暗花，正面刻有错金铭文"吴王夫差自乍（作）用鈼"。

前 600 年

约前600年，伟大的教育家、哲学家老子诞生

前551年，伟大的思想家、教育家孔子诞生

春秋末期兵家孙武著《孙子兵法》

前513年，晋铸刑鼎，铸铁冶炼技术在世界上首次出现

前 500 年

| 欧 洲 | 非 洲 | 美 洲 / 大洋洲 | 亚 洲 |

时间轴（左栏）

公元前 500 年

前500年，印度《薄伽梵歌》

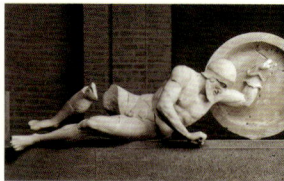

前470－前399年，希腊哲学家苏格拉底

前450 年

前450－前380年"喜剧之父"阿里斯托芬

前431－前404年，伯罗奔尼撒战争

前427?－前347年，希腊哲学家柏拉图

前400 年

前384－前322年，希腊哲学家亚里士多德

前350 年

前331年，波希战争，亚历山大征服波斯

前323年，亚历山大征服埃及

前300 年

约前273年，阿育王建立古印度第一个大一统帝国

约前287－前212年，数学家，科学家和发明家阿基米德

前250 年

欧洲

◆受伤的战士 约公元前490－前480年，古希腊，属于埃伊纳神殿东山墙雕刻的一部分，是希腊古风时期建筑装饰雕刻。

◆掷铁饼者（罗马复制品） 原作约公元前450年，古希腊著名雕刻家米隆（活动时期公元前480－前440年）的代表作。

◆青铜勇士 约公元前460－前450年，古希腊，现藏于意大利。

◆帕特农神庙 公元前447－前432年，伊克谛诺斯和卡里克拉特设计，位于希腊雅典，这是雅典卫城最重要的主体建筑，祀奉雅典娜女神。

◆伊瑞克提翁神庙 约公元前421－前405年，位于希腊雅典卫城，其南面有着名的女像柱。

◆疲倦的大力士 原作约公元前320年，利西波斯（公元前4世纪的希腊雕刻家），原作为青铜，此为罗马时期的大理石复制品。

◆伊苏斯之战 公元前310年，出土于庞贝城，亚历山大骑士追赶波斯王大流士的马车，这是伊苏斯之战的高潮。

非洲

◆母狼 公元前480年，青铜，伊特鲁里亚，传说中，这只母狼救下了罗马城的建立者——西尔维亚与战神的双生子，因此成为罗马城的象征。

公元前460年，伊洛纳斯领导的反抗波斯统治的埃及人民起义失败被杀，阿米尔塔伊俄斯二世在公元前404年控制了下埃及，成立第二十八王朝，结束了波斯人的统治。但是仅维持了6年。

◆诺克头像 公元前500－前200年，出土于尼日利亚。

◆人形内棺 公元前305－前30年，是典型的古埃及人形木棺。

◆荷鲁斯和尼克坦内布二世雕像 公元前360－前343年，出土于埃及。

◆伊希斯和荷鲁斯雕像 公元前304－前30年，埃及托勒密时期。

◆亚历山大灯塔 约建于公元前280年，位于埃及亚历山大港，着名的世界七大奇迹之一。

美洲／大洋洲

◆女人立像 公元前500－前100年，彩陶，墨西哥古典时期。

◆瑞蒙迪雕花石柱图案 公元前460－前300年，秘鲁查文得霍雁安塔，作品表现了一个蹲着的人神一体的美洲豹，张大嘴，伸出利齿，尖爪还有蛇形的延伸物。

◆陶俑 公元前400－公元100年，发现于特拉提克村的陶瓷窑，墨西哥阿兹特克文明。

◆裹尸布 公元前600－前300年，羊毛织物，发现于秘鲁南部帕那卡斯文化，表现的是查文的微笑之神。

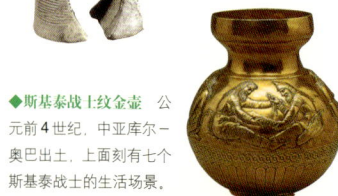

◆舞蹈者 公元前300年，陶土浮雕，墨西哥萨波特克艺术。

亚洲

◆皇家觐见大厅和楼梯 约公元前521－前465年，是伊朗波塞玻利斯城的大流士一世和修西斯一世王宫的一部分。

◆无纹陶器 公元前6世纪－前5世纪，朝鲜，是典型的无纹陶。

◆木雕饰件 公元前450－前400年，阿尔泰地区。表现了中亚草原民族瑰丽的神话传说。

◆心型上偶 绳纹后期，日本群马县，绳纹土偶是用于礼仪或祭祀。

◆斯基泰战士纹金壶 公元前4世纪，中亚库尔－奥巴出土，上面刻有七个斯基泰战士的生活场景。

◆华氏城王宫遗址 公元前4世纪末孔雀王朝，印度库姆拉哈什，其建筑格局受到了波斯帝国波塞波利斯王宫建筑的影响。

◆手镯 公元前4－前2世纪，出土于塔吉克斯坦阿姆河上游。

◆人形灯 公元前500－前200年，青铜，失蜡法铸造，出土于越南北部。

中华

◆漆画衣箱　曾侯乙墓出土的衣箱经髹漆描绘,箱盖的中心有一篆文"斗"字,外圈二十八宿的古代名称,两端分别绘青龙、白虎,是研究中国古代天文学史的一件珍贵文物。

◆玉梳　出自墓主曾侯乙头下,梳有23齿,梳背上端中间有一穿孔,背面双面阴刻云纹,斜线纹,中心处有一方星纹。

◆曾侯乙编钟　公元前433年,战国中晚期,湖北随县擂鼓墩曾侯乙墓出土。青铜编钟分上、中、下三层,由6个佩剑武士形铜柱和8根圆柱承托,64件钟和1件镈悬挂在铜木结构的钟架上,编钟音域宽广,音色优美,为世界音乐史上的奇迹。

◆人物龙凤帛画　战国中期,湖南长沙陈家大山楚墓出土,画中一高髻女子侧身而立,双手合掌,女子的上方画一只凤和一条龙,为葬仪用品。

◆龙形玉佩　出自墓主曾侯乙内棺,器身作龙形,两面刻饰龙纹。

◆青铜尊盘　曾侯乙墓出土的青铜器极为精美,尊是盛酒器,盘则一般作水器用,出土时尊置于盘中,二者合为一器,此器原为曾侯乙的先君所用,曾侯乙继而用之。尊与盘内都有"曾侯乙作持用终"七字铭文。

◆青铜人擎灯、青铜马　公元前300年前后,战国中晚期。湖北枣阳九连墩1、2号墓出土,这两件青铜器分别出土于这两座楚国贵族墓。青铜人右手执曲柄灯杆,左手托飞鸟,灯盘内有锥形灯钎。青铜马粗颈短腿,呈现东周时马匹的形貌特征。

◆人物御龙帛画　公元前300年－前221年,战国晚期,湖南长沙子弹库楚墓出土。画中一高冠蓄须男子,腰佩剑,手执缰驾一条巨龙,龙尾站一只白鹭,龙身下有鲤鱼,为葬仪用品。

◆四龙刻铭方壶　这件河北平山中山王墓出土的方壶是祭祀时用的礼器,造型庄重,壶四面刻大量铭文。

◆错金银青铜龙凤案　公元前316年,战国中晚期,河北平山中山王墓出土,案框为正方形,案座由四龙四凤纠结而成,龙头承托案角,圆环形底由四卧鹿承托,铸造工艺复杂,造型极具想象力。

◆刻铭铁足大鼎　这件河北平山中山王墓出土的大鼎,鼎壁自盖顶云形环纽以下,足部以上遍刻铭文共77行469字,是已发现战国铜器中刻铭字数最多的器物。

◆凤鸟花卉纹绣　战国中晚期。湖北江陵马山1号楚墓出土。此墓出土了大量织锦和刺绣品,表现出楚文化的浪漫精神。这件绣品花纹为展翅飞凤,凤嘴衔弯曲的花枝,双翅左右展开,两脚外张,凤尾向后分支,与下排飞凤所衔花枝相交。

◆着衣女木俑　战国中晚期,湖北江陵马山1号楚墓出土,女木俑身穿丝绸衣裙,面目清秀,神态娴静。

◆金质刀首　战国。山东青州东高镇辛酉墓出土。器物整体呈变形龙样,雕刻精细。

◆错金银虎噬鹿铜器座　公元前316年,战国中晚期。河北平山中山王墓出土,为一曲尺形屏风的座足。

◆包山楚墓漆画奁　战国中晚期,湖北荆门包山2号墓出土,盖外壁绘人物车马出行图,是当时的风俗画作品。

墨子(前468－前376年),著《墨子》

前475－前221年,战国

前481年,孔子修订《春秋》

前479年,孔子去世

前473年,勾践灭吴

前450年

前433年,曾侯乙墓

前400年

孟子(前372－前289年),著《孟子》

庄子(前369－前286年),著《庄子》

孙膑(前380－前300年),著名军事家

前374年,齐设"稷下学宫",此后学者达万人

前350年

前359年,秦商鞅变法

屈原(前339年－约前278年),著名爱国诗人

荀子(前313－前238年),著《荀子》

前300年

韩非子(前280－前233年),法家哲学家

前256年,蜀郡守李冰建都江堰,为至今还在使用的古代水利工程

前250年

公元前 250 年

前 200 年

前200年，玛雅文明兴盛于尤卡坦半岛

前 150 年

前106 – 前43年，罗马政治家和演说家西塞罗

前 100 年

前100年，印度结集佛教经典
前100年，特奥蒂瓦坎建立

前 50 年

前5年，耶稣在伯利恒诞生

前27年，屋大维始称"奥古斯都"，建立元首政治，罗马帝国始

公元元年

欧洲

◆杀妻后自杀的高卢人（罗马复制品） 原作约公元前230 – 前220年，大理石，是希腊化时期重要的艺术中心之一，柏加马王国广场上的胜利纪念碑雕塑群像之一。

◆胜利女神像 约公元前200 – 前190年，大理石，原安放在萨莫色雷斯岛的海边悬崖上，是希腊化时期的作品。

◆米洛斯的阿芙洛蒂特 约公元前150 – 前125年，大理石，又称"断臂维纳斯"，希腊化时期的雕塑作品。

◆拉奥孔 约公元前1世纪，大理石，为希腊化时期雕刻。

◆花神弗罗拉 斯塔比伊壁画局部，表现一位美丽优雅的时序女神在采花。

◆波特兰花瓶 古罗马，这只饰有白色花纹的玻璃酒瓶具有严谨的古典风格。

非洲

◆阿西诺伊二世头像 公元前278 – 前270年，石灰岩，出土于埃及。

◆水牛面具 公元前3世纪，木雕，出土于西非布基纳法索。作品属于博博族面具，是工艺与雕塑结合在一起的原始美术品。

◆彩陶碗 公元前200 – 前150年，出土于埃及。

◆莱普帝斯马格纳遗址 公元前1世纪始建于的黎波里城以东。公元429年逐渐衰败。

◆托勒密国王雕像（残躯） 公元前80 – 30年，玄武岩，出土于埃及。

◆球形彩陶瓶 公元前1世纪 – 公元3世纪，出土于苏丹。

◆罗马贵族和他的祖先头像 大理石，古罗马，在罗马人葬仪上，送葬人要捧着祖先的遗像参加葬礼。

约在公元1世纪，基督教传入埃及。公元前1世纪末，麦罗埃地区建立阿蒙神庙，其大厅、庭院、礼拜堂等沿着一条中轴线分布，还建立了长廊，神庙前可有麦罗埃文的石碑。

美 洲 / 大洋洲

◆头像 公元前200 – 公元250年，玉，墨西哥奥尔梅克艺术。

◆摔跤者 公元前200 – 公元200年，绿宝石，墨西哥奥尔梅克艺术。

◆月亮金字塔 公元前150 – 公元元年，阿兹特克文明特奥蒂瓦坎城，古城特奥蒂瓦坎是中美洲最早的大都市，太阳金字塔和月亮金字塔是这里最大的金字塔建筑。

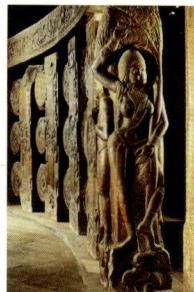

◆霍普韦尔人的烟斗 公元前100 – 公元400年，发现于俄亥俄州，形象是一只停在一条鱼身上的玫瑰色鱼鹰，鱼头就是烟嘴。

◆金女神像 公元前1世纪 – 公元1世纪巴克特里亚时期，出土于中亚提利亚遗迹的六号墓，金像表现的可能是维纳斯。

◆砂石片 公元前500 – 公元1年，出土于俄亥俄州，阿德纳文化。

◆金山羊像 公元前1世纪 – 公元1世纪，出土于中亚提利亚遗迹的四号墓。

亚 洲

◆萨尔纳特的阿育王狮子柱头 约公元前242 – 前232年，印度，此柱头是象征性，写实性与装饰性完美结合的雕刻杰作，成为今天印度共和国国徽的图案标志。

◆迪大甘吉药叉女 公元前3世纪，印度，是孔雀王朝的代表性作品，是后来印度造型艺术中标准女性美的雏形。

◆旃陀罗药叉女 公元前2世纪（巽伽王朝），印度巴尔胡特塔围栏立柱（北门），是巴尔胡特药叉女雕像的范例。

◆象牙杯 公元前2世纪，出土于土库曼斯坦尼萨古城，是盛酒的酒杯，象牙制的比较罕见。

◆阿旃陀石窟群 约公元前2世纪至公元7世纪，印度德干高原，是印度佛教艺术的宝库。

◆树神药叉女 公元前1世纪末叶，印度桑奇大塔东门，桑奇药叉女被公认为全部印度雕刻中最美的女性雕像之一。

◆桑齐大塔 公元前3世纪中叶 – 公元1世纪初，是印度早期佛教窣堵波的典型，也是印度现存最古、最完整的大佛塔。

中华

◆秦始皇陵 公元前 221 – 前 207 年，秦，位于陕西临潼骊山北麓，陵园内高大封土下是秦始皇下葬的墓室。未经发掘，陵园内分布有各种建筑遗址和陪葬坑多处，已发掘有铜车马坑、珍禽异兽坑、马厩坑等，陵园东垣外有兵马俑坑。

◆铜车马 秦始皇陵园已发掘铜车马两乘，图为一号铜车马，是双轮、单辕，前驾四马的战车，车箱为横长方形，后面有门，车前右侧置一面盾牌，车前挂有一件铜弩和铜镞，车上立圆伞，伞下为铜御车俑。

◆青铜雁 公元前 221 – 前 207 年。秦始皇陵园出土，雁体浑圆，比例匀称，双翅收于背后，尾部露于翅外，头部上昂，与颈部形成 S 形。

◆秦咸阳宫车马壁画 公元前 221 – 前 207 年，秦，画中四匹枣红色马，前后腿张开奔驰，造型生动。

◆秦始皇陵兵马俑坑 秦始皇兵马俑坑最早发现的是一号俑坑，总面积 14260 平方米，它近旁有二号坑和三号坑兵马俑坑。

◆滇族虎牛铜案 战国 – 西汉。云南江川李家山出土。作为祭祀典礼用的铜案，由一虎二牛构成，大牛身背为案，腹下横置一小牛，尾端有一虎四爪抓大牛后胯，并紧咬其尾，显出与中原地区有极大差异的滇文化特色。

◆未央宫前殿遗址 公元前 200 年，西汉。未央宫是汉长安城内的主要宫殿之一，现遗留在地面上的未央宫前殿台基东西长 200 米，南北宽 100 多米，北端最高处 10 余米。

◆汉阳陵从葬坑陶俑出土情况 这些陶俑躯体的比例适度，肌肉的塑造也颇富质感，人物的面部具有不同的个性和气质，形神兼备。

◆阳陵陶俑 公元前 153 – 前 126 年，西汉。汉阳陵是景帝刘启与皇后的合葬陵园，目前从葬坑已经发掘出陶俑 2000 余件，一般高度 60 厘米，相当于真人 1/3，阳陵陶俑最突出的特征是人物表情丰富，形体简洁概括，比例适度。

◆"巨龙"壁画，西汉早期，河南芒砀山梁国王陵区柿园墓出土，为我国目前时代最早、墓葬级别最高的墓葬壁画珍品。

◆长信宫灯 公元前 206 – 公元 24 年，西汉。河北满城中山王刘胜夫人墓出土。鎏金铜被塑造成年轻的宫女手擎铜灯的形象，转动的灯盘可调节灯光的亮度和方向，袖管下垂形成的灯罩可将烟尘吸纳到中空的体内，保持室内的清洁。

◆霍去病墓石虎 公元前 117 年，西汉。现存陕西兴平霍去病墓前，虎的身躯，利用石块原来的起伏变化，略加雕凿而成。石虎俯卧，神情机警而威猛。

◆霍去病墓马踏匈奴石雕 公元前 117 年，西汉。现存陕西兴平霍去病墓前，此墓是汉武帝为西汉名将霍去病所建，现存 16 件石雕均采用花岗岩雕刻，风格浑厚雄壮，劲健的骏马昂首屹立，战败的武士手持兵器仰卧在马腹下。

◆鎏金鸟兽纹铜樽 公元前 41 年，西汉。这件铜樽就是当时鎏金制作的典型器物。

◆长沙马王堆西汉墓帛画 出土于马王堆 1 号墓。帛画分三段分别描绘了天上、人间和地下的不同景象。线条流畅，色彩富丽，为汉代墓葬美术精品。

◆屋大维像 大理石，古罗马，这件作品是古罗马具有代表性的帝王全身像。

◆云母岩手 公元前100－公元400年，俄亥俄霍普韦尔文化，霍普韦尔的墓葬品显示出一个贸易网的存在，其中有传自阿巴拉契亚山南部的云母。

◆帕提亚金币 约8－12年，雕刻在金币上的西亚帕提亚统治者通常都是侧面像，金币图像和文字是东西结合，这类金币目前存世量非常稀少。

◆10年

◆利维亚 公元前25－公元1年，玄武岩，现藏于法国巴黎卢浮宫。

◆奥古斯都玉佩 古罗马，罗马共和国末期。

20年

◆蜂鸟 公元前200－公元200年，大地艺术，位于秘鲁西南的那兹卡平原，那兹卡人是以大地艺术著称的民族，他们去掉地皮表面，然后用石块排列线条，由此制成巨大的地面形象。

◆金库 公元前100－公元150年，约旦，这是众多开凿于山岩内墓室的最精巧立面之一，被称为罗马"巴洛克"式建筑。

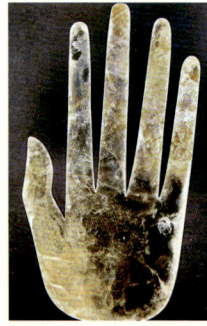

◆王侯头像 1世纪，泥塑，出土于乌兹别克斯坦，头像表面涂膏，有彩饰的痕迹。头像是一个青年人的形象，头戴高顶尖帽，面目清秀，似乎是王子和佛教徒一体的表现。

30年

◆有树的花园景色 公元25年，湿壁画，出土于意大利庞贝果园宅邸。

1世纪，库施文明走向衰落，350年，阿克苏姆国王入侵麦罗埃城，库施王国灭亡。

◆阿克苏姆遗址 1世纪到10世纪，位于埃塞俄比亚北部边境附近，遗迹包括方尖石碑，方尖石塔，大型石柱，王室墓地和教堂等，公元7世纪，阿克苏姆城日渐衰落。

40年

◆卡利古拉像 约37－41年，青铜，现藏于瑞士苏黎世。

◆卡米卢斯族人 约40－50年，现藏于意大利罗马神殿博物馆。

◆鸟类演出披风 50－100年，秘鲁帕拉卡斯文化。

50年

中 华

◆金谷园壁画墓前室内景 新莽时期,洛阳金谷园壁画墓前室为穹隆顶,顶绘太阳和彩云,四壁绘梁架枋柱,以象征木结构。

◆日像图壁画 新莽时期。绘于后室顶脊三叠层方栏藻井中,外层着红云,中层涂天蓝,内层绘红日,中央黑彩绘象征太阳的乌鸦。

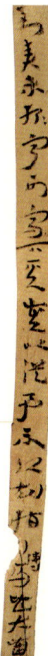

◆敦煌木简(部分) 新莽时期。木简字体为章草,结构宽绰,用笔婉转自如,奔放流畅,有连绵之势,是汉简中圆融一类的章草书法。

◆宴饮图壁画 新莽时期,河南偃师辛村新莽墓壁画,中室东壁。这幅宴饮图生动再现了新莽时期的生活的场景,尤其是画面左下方醉态女主人的形象,极富情趣。

◆西王母壁画 新莽时期,河南偃师辛村新莽墓壁画,中后室之间的横额。正中绘有西王母端坐云端,其右侧为玉兔捣药,下部祥云笼罩着一蟾蜍和一背生双翼的狗形动物。

◆铜嘉量 9年,新莽时期。作为量制标准的量器,是史学研究的重要资料。

◆力士石础座 东汉。此力士赤裸上身,昂首挺胸匍匐于石座上,左臂用力支撑,肌肉隆起,右臂扭向后背扶石砧,面部呈现出憨厚的笑容大有举重若轻,稳如磐石的气势。

◆陶船 东汉。陶船设有前中后三舱,后舱为舵楼,舵形似木桨,船前部两侧装有三根桨架。

◆陶楼 东汉。此陶楼为四层正方形,歇山式顶作出瓦垄和瓦当。楼阁正面有镂雕方形窗,两旁开门。陶楼各层分开制作,再垒叠成整体。

◆弹筝石俑 东汉,石俑腿上置筝,右手抚弦,左手弹拨,头微左倾,神态颐然。

◆"三老讳字忌日记"拓本 东汉建武二十八年(52年)后数年立,《三老讳字忌日记》为东汉初期之隶书。其书法由篆入隶,浑古道厚,笔划无明显波折,是碑石中篆隶嬗变时期的面貌。

1年,汉平帝刘衎,元始元年

班彪(3-54年),史学家

6年,汉孺子婴,居摄元年

8年,王莽称帝,改国号新

—— 10 年

17年,绿林军起义

18年,文学家扬雄死

—— 20 年

25年,东汉光武帝刘秀,建武元年

—— 30 年

班固(32-92年),史学家,著《汉书》

张道陵(34-156年),道教最早派别五斗米道创始者

—— 40 年

—— 50 年

公元
50年—

54年，罗马皇帝尼禄
即位

◆赛戈维亚水渠　位于西班牙，是罗马人架设的为公共输水用的典型的水道建筑之一。

◆铜铎　弥生时代后期，日本静冈县出土，铜铎是弥生时代特有的文化遗产，状似铜铃，型大，无舌，属祭祀礼器类。

60年

◆夫妻像　60－79年，湿壁画，庞贝，在一家面包铺墙壁上发现的，又被称作《面包房夫妻像》，是古罗马优秀的写实肖像画。

由于罗马贵族对埃及人民的剥削和压迫，逃亡运动从1世纪中叶开始

◆罗马庞贝城遗迹　庞贝城原建于公元前8世纪，公元79年维苏威火山大爆发，庞贝城遭毁灭，这是城中一处大型建筑残址。

◆罗马庞贝城遗迹　大型建筑的柱廊残址。

在麦罗埃遗址发现了前4世纪的雅典陶器。公元1世纪的罗马的银器和镀金酒杯，还有一个中国的古鼎等，说明那时的对外贸易已经很发达了。

◆桥形水柱容器　约50－200年，出自秘鲁纳斯卡山谷，现藏于美国芝加哥艺术协会。

◆象牙雕刻镜柄　1世纪，印度，这是公元79年维苏威火山爆发时被埋没在罗马庞贝古城的灰土中的印度奢侈品，镜柄上雕刻着一位印度贵妇或名妓和她的两个贴身侍女。

70年

77年，老普林尼撰写《国家历史》

77年，帕提亚分裂

78年，贵霜7王朝建都键陀罗

79年，庞贝与赫库兰尼姆被毁

◆圆形竞技场　72－82年，罗马，这是罗马帝国征服了耶路撒冷后，为纪念胜利驱使8万犹太俘虏而修建的。

◆木乃伊面具　罗马时期，60－70年，出土于埃及。

80年

◆提图斯凯旋门　始建于81年，罗马，是为了纪念提图斯即位前镇压犹太人的胜利而建。

◆马图拉菩萨立像　81年，印度萨尔纳特出土，马图拉制作，贵霜时代马图拉雕刻的最大贡献，是创造了一种印度式的马图拉佛像，这尊"菩萨"的造型特征，被公认为贵霜时代最早的马图拉佛像之一。

90年

98－117年，罗马帝国疆域极盛时期，图拉真皇帝

◆妇女肖像　90年，是罗马弗拉维王朝时期的作品，刻画了当时贵族妇女最时髦的高卷发式。

◆石亭　约100年，位于纳盖地区，建筑吸收了各种建筑风格并进行了折衷化处理，其特征是古希腊式的柱子和古罗马风格的拱门。

◆太阳金字塔　约100年，阿兹特克文明特奥瓦坎城，特奥蒂瓦坎的居民把金字塔看作"世界之轴"，是通往天上和地下世界的大门。

◆迦腻色迦金币　1世纪晚期或2世纪初叶，巴基斯坦沙吉奇德里出土，这枚金币背面的袖珍佛像已具备键陀罗佛像的一般造型特征。

100年

中　华

◆灵台遗址　56 年，东汉。位于洛阳南郊，是一座围墙环绕的高台建筑，中央高台是距今近 2000 年的古代天文观测台。

◆梁山汉墓壁画　东汉。墓址在山东梁山后银山山腰，西壁下层画墓主人出行图，主题明确，用笔粗放有力，并有汉隶题铭。

◆铜砚盒　东汉。徐州土山汉墓出土。神兽头生龙角，身有双翼，是汉代实用与艺术相结合的典型产品。

◆铜马车　东汉。出土于贵州兴义。做工精细，再现了当时的马车形象。

◆盐井画像砖拓本　东汉。四川邛崃花牌坊出土，此图将汉代四川井盐生产的过程表现得细致完备。

◆荷塘渔猎画像砖拓本　东汉。四川彭县三界乡收集。此画像砖全部用浅浮雕，刻画一荷塘，整个画面具有一种深度的空间感。

◆错银铜牛灯　东汉。江苏邗江甘泉广陵王墓出土，牛体腔中空，可储清水，还有活动灯罩，可调节光亮程度，是一件制工精致外观华美的工艺品。

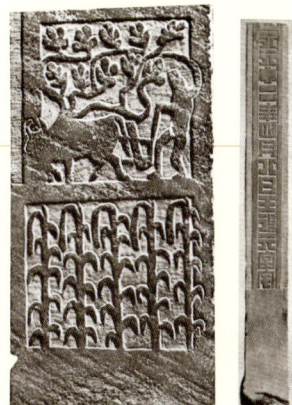

◆冶铁画像石拓本　东汉。山东滕县宏道院出土，描绘了人们使用鼓风皮囊以及各种冶铁工具冶铁的生动场面。

◆广陵王金玺　东汉。黄金的玺印。印文为"广陵王玺"，可知它的主人是东汉广陵王刘荆。

◆郭氏墓祠堂　建造于东汉章帝，和帝时期（76－105 年）。位于山东孝堂山，是至今保存完好的一座东汉时期石祠，祠高 2.64 米。

◆郭氏墓祠堂石刻画像拓本　位于孝堂山郭氏墓祠堂西壁，画面自上下分为六栏，内容包括神异、车骑、战争、狩猎。画像以阴线刻为主，线条简洁，风格劲力，有很高的艺术价值。

◆王得元墓画像石　100 年，东汉。陕西王得元墓出土。画像轮廓鲜明，造型粗放。是陕北汉画像石的代表作品。

57 年，倭奴国遣使来汉，汉光武帝赠以"汉委奴国王"印，是为中、日国家间往来之始

58 年，汉明帝刘庄，永平元年

60 年

68 年，洛阳筑白马寺

70 年

73 年，班超出使西域，西域与中原交往恢复

76 年，汉章帝刘炟，建初元年

79 年，《白虎通义》编成

80 年

89 年，汉和帝刘肇，永元元年

汉和帝时蔡伦改进造纸术。造纸术的发明对世界文化的发展起了革命性作用

90 年

92 年，班固去世，《汉书》未完成由其妹曹大家续成，是中国第一部纪传体的断代史

100 年

100 年前后，《九章算术》成书，中国古代数学体系形成

公元 100 年

100年，叙利亚发明玻璃吹制技术

101年，罗马皇帝图拉真征服达西亚

◆罗马档案馆和罗马广场遗址 尽管古罗马广场已成废墟，但人们还可遥想当年的繁荣景象。

◆伊莎朵拉夫人肖像 100－125年，木板彩色蜡画，出土于埃及法尤姆地区，是罗马统治古埃及时代画在埃及人形棺面部的死者肖像。

◆埃及木乃伊男子头像 约绘于100年，发现于埃及哈瓦拉。这时埃及木乃伊的头像，采用希腊风格的画法，颇具写实性。

◆海狸像台式烟斗 100－200年，烟斗石，珍珠，骨，属于霍普韦尔文化，出自美国伊利诺伊州派克郡的贝德福德，现藏于美国俄亥俄州塔尔萨吉尔克里斯博物馆。

◆佛塔大殿内部 约100年，位于印度加尔利。

110 年

◆图拉真纪念柱 110－113年，大理石，表现了图拉真率领罗马人向达西亚人进军的情景。

◆图拉真集市的内廊 建于110－112年。图拉真集市建筑壮观的面貌，反映出当时罗马的繁荣，也凸显出贸易对罗马帝国发展的重要性。

◆脚镯 100－250年，青铜，出土于苏丹。

◆羽蛇 100－750年，阿兹特克文明多提哈罕城。昆兹奥考特是一位生育之神，名字的意思是"羽蛇"。

◆佛陀诞生 2世纪初叶，片岩，巴基斯坦犍陀罗地区，是以写实手法刻画佛陀的犍陀罗佛传故事浮雕的范例之一。

120 年

121年，罗马皇帝哈德良在不列颠

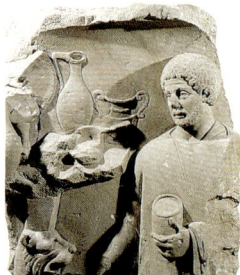

公元2世纪早期，埃及出现了早期基督教文献，内容主要是反犹太教的。

◆哈特拉贵妇像 2世纪，出土于两河流域，这个贵族妇女反映了2世纪帕提亚人的审美趣味和时尚追求。

◆拿杯子的仆役 石雕，这件公元2－3世纪的浮雕碎片，体现了奴隶低下的社会地位。

◆男孩肖像 2世纪，木板彩色蜡画，出土于埃及法尤姆。

◆蛙形烟斗 公元前300－公元500年，陶质，北美洲霍普维尔文化，霍普维尔文化主要在北美东部，现美国俄亥俄州，考古发掘了大量的随葬品，主要是陶器。

◆佛陀坐像 2世纪，红砂石，出土于印度马图拉，佛陀宽肩，圆睁双眼的形象来自于印度神话传统形象。

130 年

132年，犹太西蒙起义

◆万神殿 罗马，古罗马建筑最重要的特点就是拱的使用，而最具代表性的建筑就是万神殿。

◆肉铺内的屠夫 石雕，奥地利伊佐拉，这是当地一个肉贩墓碑上的浮雕细部，店主以这样一种方式来纪念他的职业。

◆墨西哥蒙特阿尔万遗址 坐落在墨西哥南部瓦哈卡城郊外，是中美洲印地安文化古典期重要遗址，创建于公元前5世纪，到公元1世纪时趋于繁荣。这是遗址内王子墓的内部情景。

◆帕拉斯·雅典娜 约2世纪，片岩，巴基斯坦犍陀罗地区出土，是犍陀罗希腊化神像的名作。

140 年

安东尼浴池（公元145－162年），罗马皇帝安东尼时期建成的著名的公共浴场，是古罗马的第四大浴场，从基部残存的柱石、断墙、拱门可隐约看出两边对称排列的一间间浴室，浴室设备齐全，分工精细，浴场用水从远处的山泉通过引水渡槽引来，渡槽高6－20米，至今仍遗存数段渡槽和支架。

◆带鹦鹉的药叉女 2世纪，红砂石，印度布台萨尔出土，是马图拉裸体药叉女雕像的名作。

◆年轻的法斯蒂娜像 147年，大理石。罗马国家博物馆藏，法斯蒂娜是罗马皇帝马可·奥里略的妻子。

150 年

中　华

◆ 摇钱树座　东汉。四川彭山崖墓出土。树座上有佛坐像，旁立二胁侍，底座饰有龙虎和璧纹。

◆ 抚琴俑　东汉。四川彭山崖墓出土。抚琴者造型生动传神，显示出四川这一时期陶俑艺术的水平。

◆ 冯焕阙　121年，东汉。位于四川渠县。汉代有在墓前建立石阙的习俗，阙主冯焕，曾任尚书、侍郎及豫州、幽州刺史。

◆ 摇钱树座　东汉。四川彭山崖墓出土。树座上为有翼神羊，下面为枝头挂满钱的钱树装饰图案，有人在树下用长杆敲打，表现出当时人们想获得财富的心态。

◆ 东汉说唱俑　东汉。四川成都天回山崖墓出土。说唱表演者举槌击鼓，表情夸张，姿态生动。

◆ 宁城幕府壁画　东汉，内蒙古和林格尔汉墓壁画。绘墓主人护乌桓校尉幕府所在的宁城，生动地表现出当时边疆城市的真实景象。

◆ 赴任壁画　东汉，内蒙古和林格尔汉墓壁画的另一幅画面，表现墓主人升任为繁阳令时前去赴任途中的情景，旁有榜题"使君从繁阳迁渡关时"。

◆ 候风地动仪复原模型　东汉。中国古代著名科学家张衡曾主持灵台的天文观测工作，并发明世界上第一台探测地震的仪器——候风地动仪，这是候风地动仪的复原模型。

◆ 宋山画像石拓本（左）　157年，东汉。山东嘉祥宋山出土。采用了减地平钑的手法，自上而下分栏安排画面，每栏画面题材各异，是汉画像石经常采用的手法。
◆ 周公辅成王画像石拓本（右）　157年，东汉。山东嘉祥宋山出土。在第二栏刻出一幅历史故事画，描绘了年长的周公辅佐年幼的周成王的事迹，成王位于画面中心位置，两侧是躬身致敬的大臣。

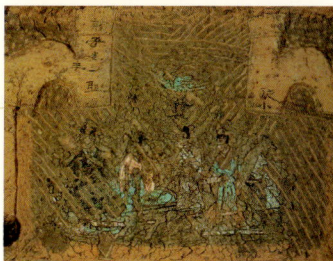

◆ 墓主宴饮图壁画　东汉。这几幅彩绘壁画均发现于四川中江县塔梁子3号崖墓，表现墓主生活场景。

◆ 墓主夫妇对坐图、庭院图壁画　东汉，陕西定边郝滩墓壁画。该墓壁画保存完好，色彩艳丽，刻画生动，这两幅分别位于墓室后壁上部和下部。

—110年

—120年

105年，蔡伦改进造纸术

106年，汉殇帝刘隆，延平元年

107年，汉安帝刘祜，永初元年

121年，许慎《说文解字》成书

126年，汉顺帝刘保，永建元年

郑玄（127－200年）著名经学家

—130年

132年，太史令张衡造候风地动仪

—140年

145年，汉冲帝刘炳，永嘉元年

146年，汉质帝刘缵，本初元年

147年，汉桓帝刘志，建和元年

—150年

150 年

◆米勒穆斯市场大门　160 年，古罗马时期的建筑。

◆法尤姆蜡板妇女肖像画　2 世纪中叶，发现于法尤姆。人物带有明显的地方特征，是一个古埃及的贵妇。

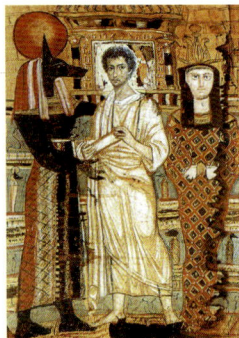

◆王子菩萨　2 世纪中叶，巴基斯坦加希出土，是犍陀罗印度王子式菩萨像的典型。

160 年

◆马可·奥里略骑马像　166－180 年，青铜，罗马坎皮多利奥广场。奥里略是古罗马"五贤君"之一，把自己的肖像竖立在广场上，是罗马帝国统治者的一个惯例。

◆特奥蒂瓦坎的城市遗址　150 年，阿兹特克文明特奥蒂瓦坎城。特奥蒂瓦坎的城市规划反映了他们的宇宙观以及建筑的实用性，还有对大型、高密度和都市化的城市管理。

167 年，日本倭女王卑弥呼立

170 年

174 年，马可·奥里略撰写《沉思录》

◆安东尼·庇护和他的妻子　165 年，石雕，位于意大利罗马，原是纪念柱的柱基。

◆般遮迦与诃梨蒂　2 世纪中叶，片岩，巴基斯坦出土，是犍陀罗印度神像的精品之一。

◆夜半逾城　巴基斯坦犍陀罗地区出土，所雕图像为佛传故事，表现乔达摩太子出家时，天王捧马足的情景。

◆安奴毕斯伴随亡者　175－200 年，布面绘画，这是一件殓布绘画，表现了一个身穿长袍的罗马公民在另一个世界里受到安奴毕斯的欢迎，这表明埃及宗教传统在罗马世界的普及。

◆马图拉佛陀立像　2 世纪后半叶，印度，从贵霜马图拉佛像向笈多马图拉佛像过渡期间的作品。

180 年

公元 180 年，首次出现了关于亚历山大城基督教会组织的记载，此时亚历山大城的教会是由主教和 12 名长老所领导。

公元 180 年，津巴布韦最早的早铁器时代遗址，即：高原南部托克韦河以西的马布维尼遗址。

◆具有赫丘利特征的科茂德皇帝像　大理石，180－193 年，罗马。

◆阿耳忒弥斯像　2 世纪，出土于土耳其，女神向外伸出双手，颈部带一条项链，下面是黄道十二宫，衣服上有乳房、水果、卵巢和牛的睾丸，可能与生殖崇拜有关。

190 年

192 年，罗马安敦尼王朝，进入混乱时期

在西非加纳的贝格霍附近以及埃特维特布沙发现了西非早期铁器时代的遗址，出土了一些铁器和陶器，其年代在 2 世纪前后。

◆蛮族男子及其女伴　罗马，这是一幅皮耶特拉拉达的石棺细部，"蛮族"是罗马人对异族的统称。通过对蛮族人的丑化，强化了罗马文明的高贵。

◆舂军　2 世纪或 3 世纪，印度马霍利出土，是马图拉艺术中炫耀肉感魅力的雕刻名作之一。

200 年

中 华

◆**墓园遗址**　东汉时身份较高的人死后都建有规模宏大的墓园。这座墓园遗址，坐落在东汉都城洛阳附近，现洛阳白马镇。可以看出当时墓园建筑的宏大情景。

◆**武梁祠画像石拓本**　147－189年。东汉。山东嘉祥武梁祠。左侧是一幅描绘经过桥梁战斗的画面。右侧的图像是历史故事画，生动地描绘出秦始皇时企图捞出沉在泗水中的夏鼎的故事。

◆**君车出行壁画**　176年，东汉，河北安平逯家庄墓壁画。画面描绘的是车骑出行图，车马骑从数量众多，延续绘于墓内中室的四壁。

◆**墓主坐帐像**　176年，东汉，河北安平逯家庄墓壁画。画面中墓主人正面坐丁帐中，此开创了魏晋北朝时墓室壁画墓主坐帐画像的先例。墓主朱衣端坐，面相端庄，显示出东汉时人物画像的艺术水平。

◆**主记史图壁画**　东汉。河北望都1号汉墓壁画。画分布于前室四壁和前、中两室间的甬道中，画面分两层，上层为属吏图，绘人物肖像25个，这幅画像位于前室北壁，旁有榜书为"主记史"。

◆**打虎亭汉墓壁画摹本**　东汉晚期。河南密县打虎亭。这是一座同时装饰有壁画和画像石的墓葬，墓中有大幅宴饮场面的壁画，反映出分外豪华的生活情景。

◆**玉座屏**　东汉。河北定县汉墓出土，高15.6厘米，玉质青白而略显淡黄，两侧以双联圆璧为支架。中架上下两块分别透雕西王母和东王公和羽人、凤鸟等神仙、神兽图像。

◆**谷纹龙纽玉璧**　东汉。河北定州北陵头出土玉质青白，温润纯净，璧面满饰谷纹，上有龙、螭戏环高纽，两侧各附饰透雕螭耳，高30厘米，是汉玉中的精品。

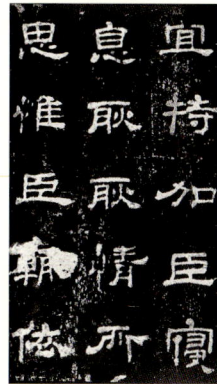

◆**史晨碑拓本（局部）**　东汉。史晨碑又称《史晨前后碑》，一石两面刻，隶书，碑字结体方整，端庄典雅，为著名汉碑之一。前碑刻于建宁二年（169年），后补刻建宁元年（168年）往事于碑背面。

◆**象奴与石象（上、下）**　东汉。位于江苏连云港孔望山西主峰南侧山脚下，利用天然花岗岩巨石圆雕而成。象腹东侧榜题隶书"象石"二字，在刻铭与象腿之间，有一平面浅浮雕"象奴"，头束椎髻，右手持钩，双足系镣。

公元
150 年

160 年

170 年

180 年

190 年

200 年

曹操（155－220年），政治家、军事家、诗人

166年，罗马皇帝安敦遣使至汉，是为中国与欧洲国家直接往来之始

168年，汉灵帝刘宏，建宁元年

司马懿（179－251年），军事家

175年，"熹平石经"刻成，为中国最早的官定经本

诸葛亮（181－234年），政治家、军事家

孙权（182－252年），政治家、军事家

184年，兴和七年黄巾起义

189年，汉少帝刘辩，光熹元年、昭宁元年，汉献帝刘协，永汉元年，初平元年

196年，曹操迎献帝至许昌，挟天子以令诸侯

欧 洲 | **非 洲** | **美 洲 / 大洋洲** | **亚 洲**

公元 200 年

205年，扶南范曼自号大王

◆三个在火窑中的人 罗马普里奇拉地下墓窟，早期基督教壁画。

埃尔·杰姆斗兽场（公元3世纪初），是古罗马帝国在非洲留下的一座著名的辉煌建筑，是现存的三大罗马竞技场之一，这座椭圆形竞技场造型宏伟壮观，长148米，短122米，共3层拱廊相连，每层60个拱孔，总高36米，构筑典雅。四周看台可容纳观众约3.5万人。

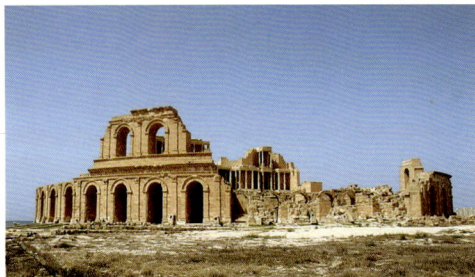

◆阿尔万遗址 200－900年，墨西哥萨波特克文化阿尔万山，阿尔万山是萨波特克文化和米克斯特克文化的主要遗址。

◆阿尔达希尔一世王宫 250年左右，建于伊朗，是萨珊王朝时期的王宫建筑遗址。

210 年

◆罗马卡拉卡拉浴场 206－217年，由当时的卡拉卡拉皇帝揭幕启用，可容纳1500人享用，为罗马第二大浴场。

◆塞布拉塔遗址 遗址主要建筑物多建于2－3世纪，位于利比亚的黎波里以东。

◆科基奥形象的骨灰瓮 200－350年，彩陶，萨波特克文化，墨西哥。

◆苦行的释迦 3世纪，片岩，巴基斯坦西克里出土，被现代东西方学者一致推崇为犍陀罗艺术的最高杰作。

220 年

◆塞维鲁·亚历山大像 222年，大理石，罗马神殿博物馆藏。

◆巴西利卡 3世纪早期，利比亚，古罗马时期的一种公共建筑形式。

◆狩猎中的亚历山大·塞浦路斯 230年，美国俄亥俄克里夫兰艺术博物馆藏。

◆麦罗埃皇家陵墓壁画 2－3世纪，水彩画，出土于麦罗埃地区的皇家陵墓，描绘了一个巨人肩扛扁担，摇摇晃晃的挑着两头大象。

◆首领雕像 200－400年，骨雕，墨西哥玛雅文明，这是一尊早期玛雅首领雕像。

◆犍陀罗佛陀头像 约3世纪，片岩，巴基斯坦尔丹出土，具有犍陀罗佛像的一般造型特征。

230 年

3－9世纪，东非建筑的特点是以泥土和树枝为材料，但是呈现多样化风格，除了传统的圆锥形屋顶，两面坡屋顶和平顶层的矩形茅屋和蜂房形茅屋等，好出现了圆顶、尖顶和半圆拱石柱的建筑形式。

3世纪开始，阿克苏姆开始铸造金属货币，成为黑非洲第一个铸造金属货币的国家，货币分为金、银、铜三种，上面铸有国王的胸像，徽记和铭文等。

◆银马 3－4世纪，萨珊时期，角杯，出土于伊朗，马的头部精心制作的额发可以做漏斗，胸部的口是杯嘴。

◆摩西击磐取水 壁画，表现了《圣经》中摩西击磐取水让以色列每个部族都分享到圣水的故事。

240 年

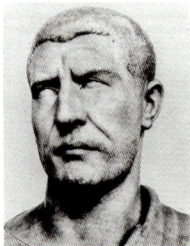

◆男子胸像 244－249年，大理石，罗马。

◆伊西斯赤陶雕像 2－3世纪，出土于埃及。

◆帝释窟说法 约3世纪中叶，片岩，巴基斯坦马尼·德里出土，属于石器犍陀罗艺术。

◆镀金饰板 中亚古国大夏遗物，体现了游牧民族艺术的特点。

250 年

中 华

◆ 高颐阙 209年，东汉。位于四川雅安姚桥镇汉碑村高颐墓前，高颐是东汉益州太守。阙由红色石英砂岩堆砌而成，檐壁上刻着人物车马，飞禽走兽。

◆ 邺城复原示意图 204年，曹魏。遗址在今河北临漳境内，204年曹操平袁绍，营建邺城，后定为魏王的王城。

◆ 走马楼吴简 这批简牍为东汉建安二十五年至吴嘉禾六年（220－237年）长沙郡的部分档案，对了解三世纪时的长沙郡和吴国历史乃至我国中古史都具有十分重要的价值。

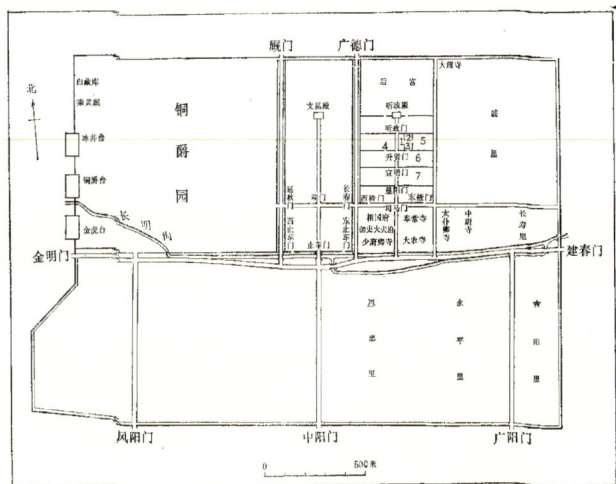

◆ 玉卮 曹魏。河南洛阳涧西村曹魏墓出土，玉质洁白无瑕，是一件以和田玉雕制的曹魏艺术品。

◆ 车马出行壁画 东汉末年和汉魏之际。辽宁辽阳墓室壁画。壁画构图严谨，形象生动，色彩鲜艳，在绘画上达到了与中原地区墓室壁画的同等水平。

◆ 嘉峪关墓砖画 魏晋。甘肃嘉峪关新城第5号墓砖画，绘于前室东壁，画墓主人出行的仪仗场面，反映了嘉峪关魏晋墓室绘画的艺术水平。

◆ 童子对棍图漆盘及盘底铭文 东吴。朱然（182－249年）墓位于安徽马鞍山雨山乡，是迄今发掘的吴墓中等级最高的一座，出土了大量精美的漆器。其中童子对棍图漆盘中心朱绘两童子在山前空地上相对舞棍，童子图外圈彩绘游鱼，最外圈是彩绘云龙纹，色彩艳丽，图线精良。盘底有"蜀郡作牢"铭文，可据以推知漆器产地。

◆ 季札挂剑图漆盘 东吴。朱然墓出土。该盘中心绘春秋时代吴国季札挂剑于徐君家前树上的故事，外围绘童子戏鱼，狩猎等图案。是三国时期绘画和漆器工艺高度水准的代表之作。

◆ 正始石经拓本 241年，曹魏。《正始石经》又名《三体石经》，用古文、篆书和隶书三种字体书刻，经文有《尚书》、《春秋》。

200 年，建安五年官渡之战

208 年，建安十三年赤壁之战

210 年

211 年，刘备入蜀

216 年，建安二十一年曹操进号魏王

220 年

220 年，魏文帝曹丕，黄初元年
221 年，蜀汉昭烈帝刘备，章武元年
222 年，吴大帝孙权，黄武元年

230 年

230 年，钟繇死，其书法与王羲之并称"钟王"

234 年，诸葛亮，汉献帝死

238 年，景初二年倭女王使朝魏

索靖（239－303年），书法家

240 年

241 年，刻石经于太学，是为《正始石经》

247 年，孙权建初寺，江南有佛寺始此

250 年

250 年

◆罗多维奇石棺浮雕　表现的是 3 世纪中期罗马人讨伐所谓的异族人即哥特人的战斗。

◆骨灰瓮　250－700 年，彩陶神像，墨西哥阿尔多万山萨波特克艺术。

◆摩罗的魔军　3 世纪中叶，片岩，巴基斯坦，那些奇形怪状、张牙舞爪的群魔，实际上塑造了犍陀罗地区多民族混杂的各种变形相貌。

260 年

◆执政官辩论与执政官结婚　206 年，大理石，是执政官石棺的局部，意大利那不勒斯博物馆藏。

◆美洲豹瓮　250－900 年，出土于瓦哈卡州的阿宗帕，美洲豹是美洲大陆上最强有力的肉食动物，受到印第安人的普遍崇拜。

◆缠丝玛瑙浮雕　3－4 世纪，中亚，表现波斯国王沙普尔一世生擒罗马皇帝图拉真，这是纪念 260 年萨珊人和罗马的战争中的胜利。

270 年

271 年，波斯萨珊建波斯城

273 年，波斯东库尼创始人摩尼

◆罗马地下墓室　这种墓窟是用于合葬基督徒的，在墓窟天顶和墙壁上画满了圣经题材的壁画，因此成为早期基督教艺术的宝库。

公元 274 年，埃及亚历山大里亚爆发了工商业主费里姆领导的反罗马暴政的大起义。

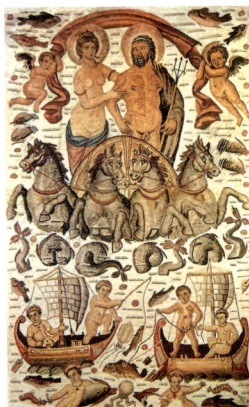

◆竹原古坟壁画　3－6 世纪古坟后期，壁画，日本福冈县鞍手郡。

280 年

284 年，罗马开始两个皇帝共治制度

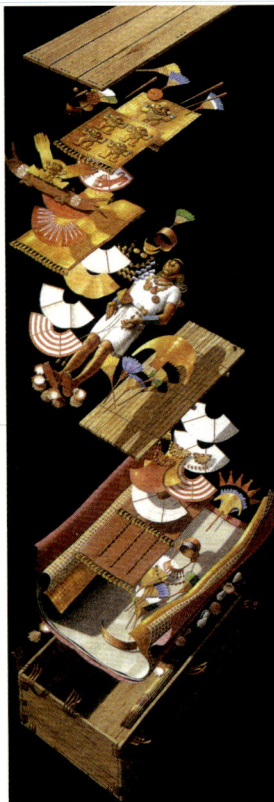

◆诗琴　3－4 世纪，木制，出土于埃及。

公元 3 世纪，托勒密王朝统治下的埃及亚历山大有了犹太教圣经，即《旧约》的希腊文"七十子译本"。

◆腰带垂饰　3－4 世纪，金质，镶宝石，中亚，它的主人是阿尔达希尔。

◆海神尼普顿与安菲特里特的凯旋　3 世纪，地面镶嵌画，巴黎卢浮宫藏。

290 年

◆秘鲁华卡瑞哈达的兰巴叶克城西潘王墓地发掘图　290 年，秘鲁，考古学家在这里发掘了美洲有史以来最富有、最重要的墓葬，墓主约死于 290 年，被称为西潘之王。

◆巫女埴轮　古坟时代，日本群马县群马郡箕乡町上芝古坟出土。

◆身着长袍的显贵　约 300 年，大理石，罗马。

◆耳饰　300 年，金，绿松石、石英、贝壳，秘鲁莫奇文化，耳饰表现三个莫奇人武士。

300 年

中华

◆青瓷谷仓罐 272年，东吴，江苏南京上坊墓出土，谷仓罐（魂瓶）颈壁连接4个小罐，并堆塑有建筑、人物、飞鸟等，为制工精致的随葬品。

◆青瓷盘口壶 东吴，江苏南京雨花台长岗村东吴墓出土，这是目前所见年代较早的釉下彩瓷器，在青釉下有褐彩仙人等图像，器身又贴塑有佛像，工艺精美。

◆青瓷羊尊 265年，东吴，江苏南京草场门墓东吴墓出土，此器釉色青绿，晶莹润泽，羊卧伏状，昂首张口，为吴时青瓷精品。

◆铜神雀负雏熏炉、金蝉肖、青瓷胡人骑狮瓷水注 西晋，这三件器物均出土于山东临沂洗砚池西晋1号墓，制作精美，是该墓最为引人注目的出土品。

◆天发神谶碑局部拓本 276年，东吴，《天发神谶碑》又称《天玺纪功碑》、《吴孙皓纪功碑》、《天玺碑》、《三断碑》等，是东吴的一块纪功碑，以方笔写篆字，开篆书用笔新境界，格调古拙。

◆佛爷庙湾墓帷帐壁画、砖画 西晋，敦煌佛爷庙湾晋墓壁画、砖画，这些画面反映了这一时期敦煌地区人民社会生活情况。

◆瓷神兽尊 西晋，江苏宜兴周墓墩平西将军周处的家族墓地出土，此尊釉色光亮滋润，腹壁浮雕神兽，雕刻生动，制作精致。

墓主人生活图 东晋，新疆吐鲁番阿斯塔那东晋墓出土，是分别绘在六张纸上拼合而成的一幅完整的画面，形象稚拙简率，用笔粗放，是我国目前保存较好、时代较早的纸画。

◆瓷香熏 297年，西晋，西晋将军周处墓的随葬品，炉体呈球形，顶纽立一飞凤，中腰以上透雕三角烟孔，炉底和承盘各置熊足三个。

公元
300 年

306—337年，君士坦丁
大帝在位

310 年

313年，米兰敕令，基
督教合法化

320 年

320年，旃陀罗笈多在
北印度建立笈多王朝

320—550年，印度两大
史诗《摩诃婆罗多》和
《罗摩衍那》

323年，罗马皇帝君士
坦丁重新统一罗马帝
国。

330 年

330年，罗马皇帝建君
士坦丁堡

340 年

350 年

欧 洲

◆利库尔戈斯杯　玻璃，也被称作"笼杯"，是这一时期罗马玻璃雕刻工艺的代表器物。

◆君士坦丁大厅　307－320年，罗马是将剧场改变成新建筑样式的典型范例。

◆君士坦丁凯旋门　315年，是古罗马晚期的凯旋门。

◆德欧多兹大教堂细部　4世纪，君士坦丁堡的欧多兹大教堂的帝国中庭。

◆拉萨的基督复活　拉丁区的石棺细部。

◆卡纳的婚礼　壁画，4世纪，位于泰萨洛尼克的圣尼古拉教堂，表现了皇帝模仿基督邀请最显要的人物到皇宫进餐时的情景。

非 洲

◆银制王冠　4世纪，出土于苏丹以北巴拉纳80号墓。王冠上有眼镜蛇和公羊的形象，说明下努比亚国王效忠于埃及人和罗麦埃诸神。

313年，君士坦丁颁布《米兰敕令》，承认基督教的合法地位，此后，基督教在埃及传播开来。

◆君士坦丁大帝头像　雕于315－330年，大理石，罗马。

320年，阿克苏姆国王埃扎纳将基督教定为国教，并奉亚历山大教长为宗教最高首脑，自此，教堂和修道院开始在阿克苏姆出现，并且在货币上开始出现十字架的标记。

4世纪30年代，以努米底亚为中心爆发了带有宗教斗争性质的阿哥尼斯特运动。

4世纪，大津巴布韦城开始兴建，位于哈拉雷以南300公里处，用90多万块花岗岩砌成，包括内城和卫城两部分，还有一座圆锥形石塔，构思精巧，技术高超。

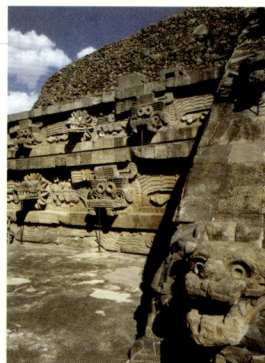

美 洲 / 大 洋 洲

◆玩杂耍的人　300年，墨西哥萨波特克文化。墨西哥古代陶塑有很多作品是表现玩杂耍的人，这件尤为生动。

◆马蹄口随葬容器复制图（局部）　300—600年，莫切文化中期印加文明，这是一个非常重要的随葬容器，表现了四个莫切人的葬礼。

◆男人坐像　300－400年，墨西哥玛雅文明。

◆羽蛇神庙　约350年，特奥蒂瓦坎文化，墨西哥。

亚 洲

◆笈多熟铁圆柱　4世纪旃陀罗笈多二世时期，现立于印度德里南郊，伊斯兰威力清真寺的尖拱门之间。

◆帝王猎狮银盘　4世纪，伊朗乌拉尔。描绘了波斯帝王射杀狮子的情景。

朝鲜新罗的建国可以追溯到公元前后，它本源于辰韩的斯卢部。起初，斯卢部以金城为中心，联合辰韩其他六部，组成部落联盟，首长由朴、昔、金三姓担当。4世纪中叶以后，改由金姓单独世袭，王权得到进一步加强，并初具国家体制。

◆贵霜王朝佛头像　4世纪，伊朗捷尔梅兹附近的佛教寺院中出土，佛教特征世俗化，显示出后期犍陀罗艺术的特征。

中 华

◆瓷骑马俑　302年，西晋。湖南长沙南郊金盆岭出土，所骑马右侧配备单马镫，是目前所知世界最早的马镫。

◆对坐书写俑　302年，西晋。湖南长沙南郊金盆岭出土，二俑对坐，一俑左手持册，右手执笔书写，另一俑双手持一案，上置简册，若有所言，生动再现了当时简册书写的面貌。

◆刘宝墓陶俑　301年，西晋。山东邹城市郭里镇独山村刘宝墓出土，这些陶俑显示出西晋随葬陶俑的时代特征。

◆瓷盒、瓷盘口壶、瓷鸡首壶　东晋。东晋青瓷生产日趋繁荣，王氏墓出土的青瓷是典型的产品。

◆王氏墓陶俑群　东晋。南京象山是东晋琅琊王氏家族的葬地，陶牛车及侍从俑群的出土，再现了东晋时期豪门贵族出行时的豪华场景。

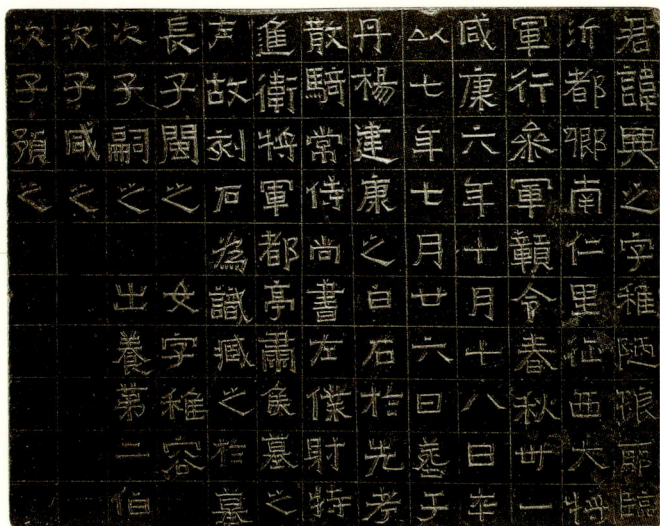

◆王兴之墓志　340年，东晋。正面为王兴之墓志，反面为王兴之夫人宋和之墓志，书体为楷隶，为东晋墓志中刻工较精的作品。

◆陶女俑　东晋。江苏南京西善桥东晋墓出土，采用模制成型，人物造型具有六朝时女士秀丽典雅之美。

303年，成汉李特，建初元年，十六国时期开始

王羲之（303－361年），著名书法家，被称为"书圣"

—310年

316年，西晋灭亡

317年，东晋元帝司马睿，建武元年

—320年

戴逵（约326－396年），雕塑家，画家，善佛雕

—330年

—340年

顾恺之（约346－406年），著名画家

—350年

公元
350 年
360 年
370 年
380 年
390 年
400 年

| 欧 洲 | 非 洲 | 美 洲 / 大 洋 洲 | 亚 洲 |

欧洲

◆库斯坦萨教堂内部　350 年,罗马。

◆米尼厄斯·巴书斯石棺　约359年,大理石,罗马圣彼德大教堂神殿博物馆藏。

◆天顶画　4世纪,罗马地下墓窟,以圆形和十字架以及异域情调,表现了基督教的理念和图像。

◆布商　4世纪,这件象牙盒装饰雕刻表现了商人向顾客展示布料的情景。

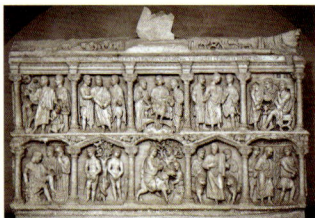
◆基督和圣彼得石棺　在这件石棺浮雕中,基督位于圣彼得和圣保罗之间。

◆圣洛伦佐教堂　388－391年,意大利米兰,中世纪罗马式教堂的典型。

非洲

公元 4 世纪,在尼罗河三角洲西南山区,上埃及的塔本尼西和尼罗河东岸荒原,建立了强有力的清修组织,中世纪欧洲盛极一时的修道院体制,概源于此。

◆绘有狄奥尼索斯的胜利的挂毯　4世纪,出土于埃及。

◆阿克苏姆石碑　4 世纪,高 21 米,地下深 3 米,是阿克苏姆皇室墓地的标志。

阿克苏姆的陶器工艺达到较高水平,在阿克苏姆遗址发现了大量赤陶器皿,主要是日常使用的器皿,外表多有简单的几何图案,其中一个呈人头状的带嘴罐,造型独特。

◆有斯普林头像的正方形挂毯　4－5世纪,出土于埃及。

美洲 / 大洋洲

◆蒂卡尔一号神庙　4世纪,玛雅文明,中美洲的玛雅人曾建造了上百座城市,这些城市的中心由宫殿和金字塔神庙组成,蒂卡尔一号神庙是其中最著名的一座。

◆香炉　300－700 年,彩陶,阿兹特克文明特奥蒂瓦坎文化。

◆达官显贵　300－900年,彩陶,墨西哥玛雅文明,从繁杂的衣饰中可以看出玛雅人的纺织业和手工业很发达。

◆太阳门　375－700 年,玻利维亚印加文明蒂亚瓦纳科文明,在南部高原不时可以见到一个个巨石门,其中最大的一个叫"太阳门",上面刻有很多半人半动物的形象。

亚洲

◆萨珊国王头像　约350年,银镀金,现藏于纽约大都会博物馆,可能是沙普尔二世（310－379年）的雕像。

◆墓主人图　357年,三国时代高句丽,壁画,朝鲜黄海南道安岳郡安岳 3 号坟。

372年佛教由中国内地传入朝鲜半岛。

◆青铜锅　350－375 年,匈奴艺术。

高句丽的佛像制作可追溯到 4 世纪末。

◆哈达佛陀头像　4世纪或5世纪,阿富汗哈达出土,这种希腊化的佛陀头像被称做"东方的阿波罗头像"。

393 年,平壤曾建有 9 个佛寺,今平壤东北的青岩里与上五里,大同郡元五里尚有佛寺遗址,前二者以八角堂或八角塔为主体,左右与后方都有殿址。

◆萨尔纳特佛陀头像　5 世纪,印度萨尔纳特出土,是萨尔纳特样式佛陀头像造型的范例。

中　华

351 年，苻健建国，史称"前秦"

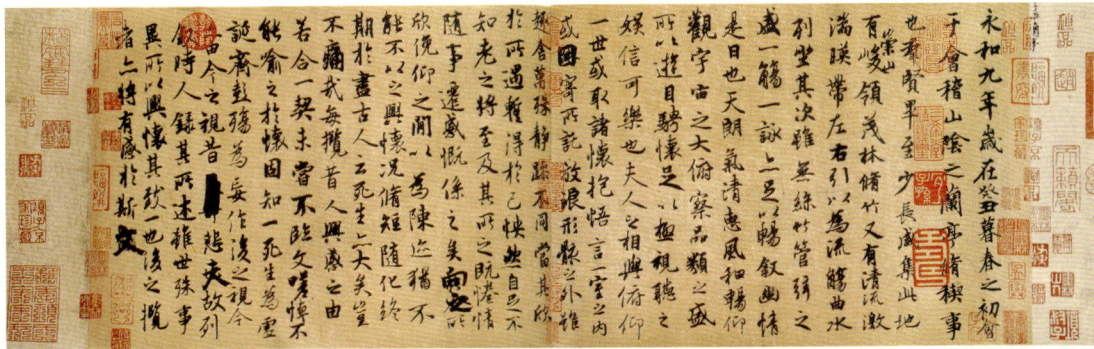

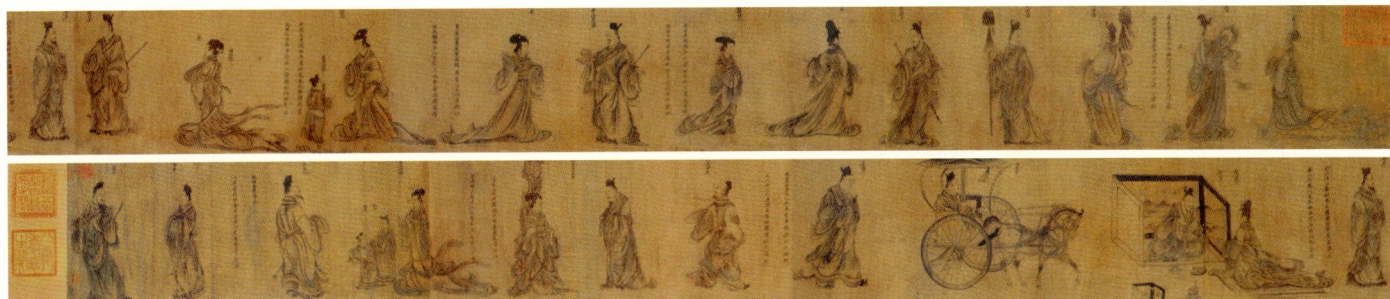

◆《兰亭序》摹本　王羲之(303－361 年，一作 321－379 年)，东晋。此为流传摹本中最为精妙的一本，因卷首有唐中宗神龙年号小印，故称《神龙兰亭》。

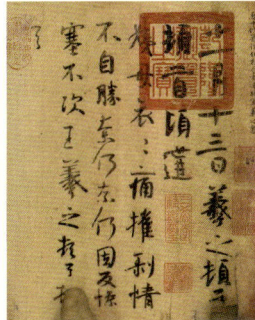

◆《姨母帖》　王羲之之早期行书，书写速度较为平缓，风格古拙质朴。

360 年

陶渊明(365－427 年)，著名田园山水诗人

◆《列女仁智图》摹本　顾恺之（约 346－407 年），东晋。传顾恺之所作。这幅画卷是根据汉代刘向《列女传·仁智卷》而作，记录了历史上有智谋远见的妇女。

370 年

◆《鸭头丸帖》　王献之(344－386 年)，东晋，行草《鸭头丸帖》是王献之给友人的便札，用笔清秀。

宗炳（375－443 年），撰《画山水序》，是最早的山水画论

◆《女史箴图》摹本局部　东晋。传顾恺之据西晋张华《女史箴》所作。图中人物神态宛然，器物描绘精致典雅。

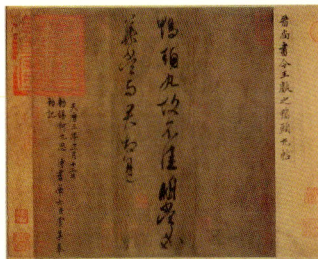

◆《洛神赋图》摹本局部　东晋。传顾恺之所作，依据三国曹植《洛神赋》而作。顾恺之用生动具体的形象表现了人神相恋的梦幻境界。

380 年

383 年，淝水之战

386 年，北魏道武帝拓跋珪，登国元年

390 年

◆陶女伎乐俑、陶牛车、陶具装马　东晋十六国。墓址在陕西咸阳秦都区。这几件陶制品反映了当时的社会风俗。

◆北凉石塔　377 年，北凉。程段儿造石塔，甘肃酒泉出土。石塔上有圆状相轮，主体部分开有一周小龛佛像，柱座为八角形。

范晔（398－445 年），著《后汉书》

399 年，名僧法显去天竺取经，著《佛国记》（又名《法显传》）

400 年

公元
400 年

405年,日尔曼侵入意大利

◆宫吏肖像 石雕,出土于阿夫罗底西亚斯,罗马帝国晚期的作品,其艺术趣味显示出早期基督教精神性的介入。

◆蹬形嘴人像容器 400－600年,彩陶,秘鲁印加文明,原型可能是莫切统治者,这类塑像将男人头像与器皿巧妙地结合在一起,头顶安置了一个弧型柄作为壶把,并加了一个进水口。

◆"乙卯年"铭壶 朝鲜,陶器极薄,轮制而成。

410 年

410年,西哥特攻陷罗马

◆拼花地面 5世纪,位于西班牙美利达,地面以几何图形表现形象化的人物,体现了古典文化的消失。

◆安鹤宫模型 朝鲜,安鹤宫是高句丽迁都平壤后的第一个宫城。

◆皇帝金币 5世纪初,罗马。

420 年

◆蹬形嘴人像容器 400－600年,彩陶,秘鲁印加文明莫切文化。

◆桑奇第17号祠堂 约415年,位于印度中央邦桑奇大塔的旁侧,这种简朴的佛教祠堂提供了早期印度教神庙的简单形制。

◆君士坦丁堡城市生活场景 镶嵌画,位于达夫尼—雅柯教堂。

在西非奥萨古城遗址中发现了青铜,黄铜和铁器等金属制品,同时也发现了石质,骨质,角质和珍珠贝的雕刻品,其中以黏土制品数量最多,以人和动物为表现对象,但是往往将动物拟人化或者将人物动物化加以表现。

430 年

435年,汪达尔人入侵北非,占领了迦太基,对罗马天主教徒实行迫害。

◆表现基督幼年生活的大拱门 423－440年,镶嵌画,罗马圣玛丽亚教堂。

◆毗湿奴的野猪化身 约5世纪初,印度乌达耶吉里第5窟,是笈多印度教雕刻的巨型杰作。

◆善良的牧人 镶嵌画,位于罗马韦纳加拉·普拉奇迪亚陵墓。

◆与罗特和亚拉伯翰分离 432－440年,镶嵌画,罗马。

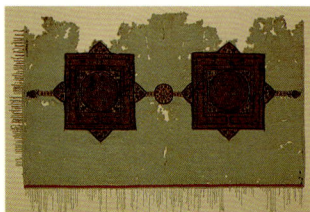

440 年

442年,撒克逊人进入不列颠

◆早期基督教插图 5世纪早期,罗马。

◆带翼天使 5世纪,摩崖石刻,伊朗,雕刻在岩洞拱顶的两侧,两边对称。

◆纺织品 5世纪,亚麻布和彩色羊毛,发现于拜占庭,制造于埃及。

◆李贤墓玻璃碗 5世纪,玻璃,出土于中国宁夏的李贤墓,是伊朗萨珊玻璃器中的精品。

450 年

中　华

◆神兽纹包金铁带饰　十六国。内蒙古土默特左旗出土，由钩、扣和带饰组成，钩呈长马蹄形，扣为扁蹄形，带饰呈长方形。

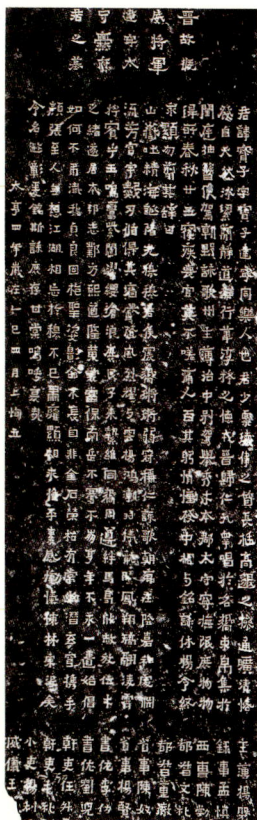

◆炳灵寺石窟169窟　420年，西秦。在甘肃永靖炳灵寺众多的洞窟中，最重要的是169窟，窟内有目前全国石窟中年代最早的造像题记。

◆爨宝子碑　405年，东晋。1778年出土于云南曲靖扬旗田村，1862年移置曲靖城内，此碑的书法在隶楷之间，体现了隶书向楷书过渡的一种风格。

◆金冠饰　415年，北燕，辽宁朝阳冯素弗墓出土。具有鲜卑文化特征。

◆初宁陵石神兽　南朝宋。初宁陵是宋武帝刘裕（363—422年）的陵墓，位于今南京东郊的麒麟门，陵前有巨大的双翼石兽一对，左为双角，右边为独角。

◆将军坟石冢　将军坟是吉林集安洞沟古墓群中保存最完好的一座王陵，堪称高句丽积石结构陵墓的巅峰之作。

◆鹿角金步摇　十六国。出土于内蒙古达尔罕茂明安联合旗。佩戴这种冠饰走动时可发出悦耳的声音，深受鲜卑贵族妇女的喜爱。

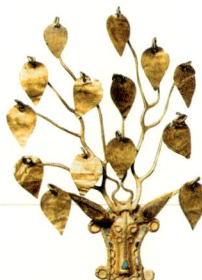

◆晋恭帝玄宫石碣拓本　421年，南朝宋。晋恭帝司马德文是东晋的末代皇帝，玄宫石碣从字体结构到笔画，体现出浓烈的隶书意境。

◆西王母壁画　北凉。甘肃酒泉丁家闸5号墓壁画，位于前室西壁第二层。龙首下为盈月，盈月内绘一白色蟾蜍。盈月下为西王母，左侧立一侍女，手持华盖。西王母座下左侧绘有九尾赤狐，右侧有三足乌。

◆燕居图壁画　北凉。甘肃酒泉丁家闸5号墓壁画，位于前室西壁第三层。墓主人坐于室内榻上，身后立男侍和女侍。

◆北魏墓壁画　435年，北魏，山西大同御河沙岭村北魏墓壁画。该墓地保存精美整的壁画，展现了北魏太延年间（435－440年）的社会生活。

公元
450 年

451－452年,匈奴人入侵高卢和意大利

◆男性雕像 450年,大理石,现藏于维也纳。

5－6世纪,《旧约全书》由希腊文翻译为盖埃兹文,《圣经》逐渐在阿克苏姆地区流行起来。

◆湿婆与帕尔瓦蒂 458年或459年,印度科萨姆出土,这是表现这对印度教仙侣的早期范例。

460 年

◆圣拉与莱德的殉教 5世纪,镶嵌画,罗马拉韦纳加拉·普拉齐迪亚陵墓。

◆科善特织毯 5世纪,埃及,科善特位于埃及北部,受拜占庭帝国统治,信奉基督教,善于织基督教装饰图案的织毯。

◆十三恶魔中的女神 400－600年,彩陶,墨西哥瓦哈卡州萨波特克艺术。

◆国王狩猎图岩雕 5世纪,伊朗,作品从左到右描绘狩猎的经过。

◆舞蹈纹银碗 5世纪后期,伊朗呋哒帝国具有代表性的作品。

470 年

476年,哥特人攻陷罗马,西罗马帝国灭亡

◆银镀金辣椒罐 公元5世纪,罗马晚期样式,现藏于伦敦大英博物馆。

◆双耳细颈瓶 5世纪晚期－7世纪中叶,赤陶,发现于拜占庭,可能在埃及制造。

◆佛陀立像 笈多时期,474年,砂石,出自印度北方邦鹿野苑,现藏于鹿野苑考古博物馆。

◆难陀出家(局部) 约475年,壁画,印度阿旃陀第16窟。

◆萨尔纳特佛陀坐像 约470年,印度萨尔纳特出土,这是最著名的笈多时代萨尔纳特样式的佛像。

480 年

486年,克罗维斯在高卢建法兰克王国

◆双耳细颈瓶 此类型陶瓶的另一件实物,描绘了一个身穿罗马士兵制服的埃及人位于一只骆驼的侧面。这类陶瓶通常是朝圣者用来盛放圣水或灯油的容器。

◆埴轮(武装男子立像) 古坟时代后期,日本群马县太田市饭冢町出土,武装人物埴轮在日本关东一带古坟中较为多见,是研究日本古代武人装束的珍贵资料。

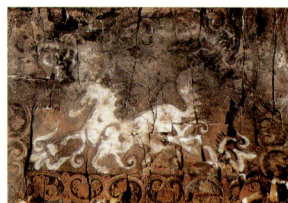

◆天马图 新罗(5世纪末－6世纪初),韩国天马冢出土,是迄今为止发现的古代新罗最早的白桦树皮上绘画作品。

490 年

491年,基雷西阿斯任罗马教皇,封建与世俗政权共立

◆出卖耶稣 500年,镶嵌画,意大利拉文纳。

◆特拉洛克的天堂 500年,特奥蒂瓦坎古迹特潘蒂特拉住宅正房墙上壁画,阿兹特克文明特奥蒂瓦坎艺术。

◆比普尔冈砖庙 约5世纪末,位于印度北方邦坎普尔县比塔尔冈。它的塔顶悉卡罗后来成为中世纪印度教神庙最显著的特征。

500 年

中 华

◆云冈20窟大佛　460－465年，北魏，高13.7米，面形丰圆，薄唇高鼻，神情肃穆，是云冈石窟中最富有代表性的作品。

◆云冈石窟全景　它是北魏皇室营建的佛教石窟，也是中国规模最大的古代石窟群之一。

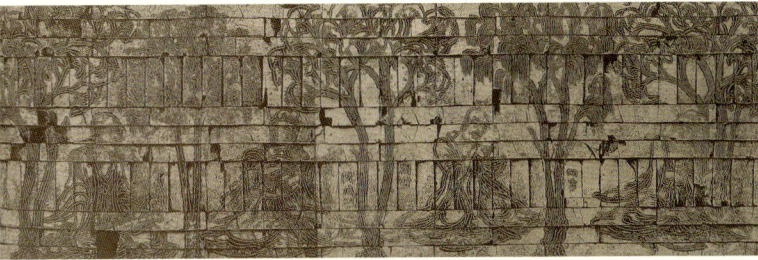

◆竹林七贤砖画局部　南朝。南京西善桥南朝墓壁砖画。画面原分列于墓室两壁，每壁四人，共八人，前七人史称"竹林七贤"，为魏晋名士，后一人为先秦时的高士。

◆嵇康像砖画　南朝。画面左旁绘银杏一株，嵇康头梳双髻，坐地弹琴，生动传神。

◆云冈第9、第10窟外景　北魏。第9窟与第10窟是一组彼此近邻凿建的双窟，均分前后室，外部有石列柱，且有木建筑凿孔遗存。

◆云冈石窟第10窟前室正壁　北魏。方形门洞和明窗之间上雕刻了双龙缠绕的须弥山，山间布满各种动物，两侧各有一多头多臂，手持日月弓箭的神祇，系由婆罗门教大神转化而来的佛教护法神。

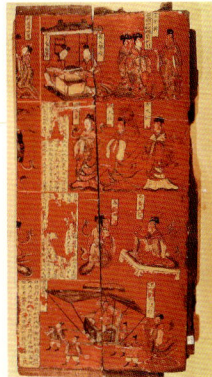

◆屏板漆画　484年，北魏。山西大同北魏琅琊康王司马金龙夫妇墓出土，屏板正反两面都有绘画，内容为帝王、忠臣、孝子、列女故事，风格与顾恺之的《女史箴图》颇为近似，也可看出南北文化的密切交融。

◆武士画像砖、供献画像砖　南朝。河南邓县学庄村南朝墓出土。

◆屏风石础　484年，北魏。山西大同北魏琅琊康王司马金龙夫妇墓出土，共出土4件，是随葬漆屏风的柱础，上部为鼓状覆盆，顶部雕莲花形，周围是高浮雕的蟠龙和山形，下部方座，浮雕忍冬纹，云纹。

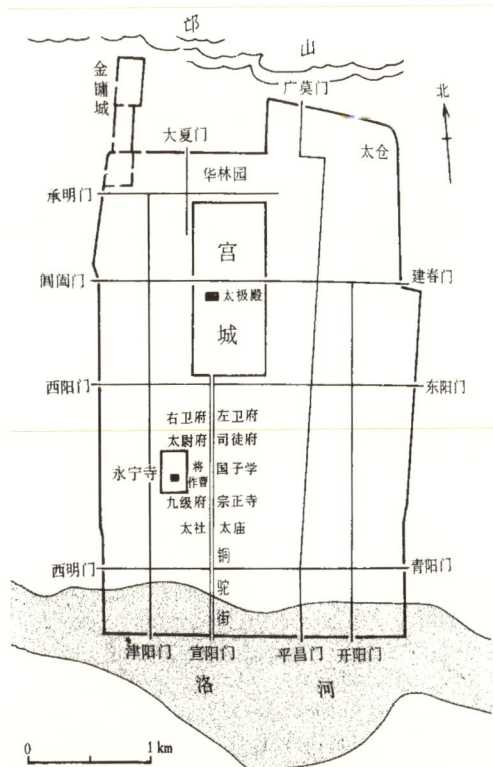

◆洛阳城平面图　北魏。北魏洛阳城最重要的改变是废除了东汉以来南北两宫的制度，建立了单一的宫城，并设立由宣阳门向内的中轴大道。

◆洛阳阊阖门遗址　北魏。阊阖门是北魏宫城的正南门，城门两侧前方建有两个规模巨大的土阙，气势雄伟，巍峨壮观。

◆永固陵石门雕刻　481－488年，北魏。永固陵为北魏文明皇后的陵墓，位于山西大同方山，门拱旁高浮雕手捧莲蕾童子。

公元450年

501－502年，刘勰撰《文心雕龙》

约502－513年，钟嵘撰《诗品》

460年

460年，和平元年云冈石窟开凿

470年

471年，北魏孝文帝元宏，延兴元年

479年，齐高帝萧道成，建元元年

480年

488年，沈约撰成《宋书》

490年

494年，北魏孝文帝迁都洛阳

500年

公元
500 年

◆大天使米迦勒 6世纪初，象牙，伦敦大学博物馆藏。

◆装饰有藤蔓、树叶和水果的拱门 500－600年，石灰岩，发现于拜占庭，可能来自埃及。

◆苏丹甘吉铜佛像 约500年，印度苏丹甘吉出土，这是印度最大的铜像，是笈多时代幸存的最大的金属雕塑杰作。

510 年

◆雅各与天使搏斗 6世纪初，蛋彩插图，现藏于奥地利维也纳。

◆毗湿奴睡在阿南塔身上 约5世纪末或6世纪初，印度德奥加尔十化身神庙南壁，笈多时代印度教雕刻的典范。

518年，拜占庭帝国查士丁尼一世继位

◆面包和鱼的奇迹 镶嵌画，出自意大利拉文纳新圣阿波利纳雷教堂，表现了基督用5个面包和2条鱼给5000人吃了顿饱饭。

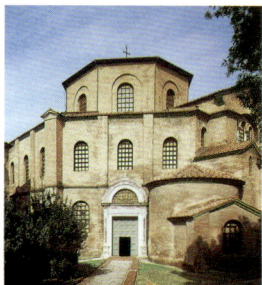

520 年

◆武宁王陵墓室内景 三国时代百济（525年），韩国忠清南道公州，展示了武宁王墓墓室内部的形状及其建筑材质。

◆金制冠饰 三国时代百济（525年），韩国武宁王陵出土，武宁王遗骸头部有两块金制冠饰，此为其中之一。

523年，百济武宁王逝世

◆"延嘉七年"铭金铜如来立像 6世纪，韩国庆尚南道宜宁郡大义面下村里出土，这是迄今为止发现的具有明确纪年的高句丽金铜佛像的最早作品。

528年，拜占庭皇帝查士丁尼公开第一次法典

◆有建筑装饰的葬礼石碑 500－700年，发现于拜占庭，可能来自埃及的阿曼特地区。

530 年

◆圣维塔尔教堂 525－547年，意大利拉文纳。

533年，东罗马帝国皇帝查士丁尼攻打迦太基，汪达尔人败亡，天主教会胜利，并修建教堂。

◆圣索菲亚大教堂 532－537年，安提莫斯和伊索多拉斯设计，位于拜占庭帝国君士坦丁堡，原为帝国的宫廷教堂。

536年，新罗初年号为建元元年

537年，拜占庭帝国建成圣索菲亚大教堂

◆查士丁尼大帝及侍从 525－547年，镶嵌画，意大利拉文纳圣维塔尔教堂，位于教堂圣坛墙面的左侧，右侧是《皇后狄俄朵拉及侍女》。

◆象形文字碑文 534年，石灰岩浮雕，墨西哥玛雅文明，玛雅浮雕的构图极为舒展自然，常常把人物雕凿在方形或长方形石板的对角线上。

◆萨珊织锦 6－7世纪，出土于伊拉克或者伊朗，这种织物也远销到中国，称为"波斯锦"。

540 年

◆圣阿波利奈教堂 533－549，意大利拉文纳。

◆有十字架和狮身鹰首兽的嵌版 500－700年，木质，在拜占庭发现，在埃及制造。

◆巴米扬西大佛 约5世纪初叶，阿富汗巴米扬，是巴米扬石窟西侧龛内的大佛像。

550 年

中华

500年，北魏景明初开龙门石窟

梁昭明太子萧统（501－531年），编纂《文选》是中国现存最早的文学总集

502年，梁武帝萧衍，天监元年

◆武士头像、僧像、仕女像、侍臣像 516年，北魏。永宁寺出土，为北魏晚期陶塑艺术的典型作品。

◆龙门石窟全景 始建于北魏。位于河南洛阳龙门峡谷东西两崖的峭壁间，最著名的北魏石窟是宾阳中洞。

◆龙门石窟宾阳中洞佛像 北魏。宾阳中洞是北魏宣武帝为其父母做功德而营造的，是龙门石窟雕凿时间最长、用工最多而又最富丽堂皇的北魏洞窟。

—510年

516年，熙平元年北魏建永宁寺塔

—520年

◆永宁寺塔基遗址 516年，北魏。永宁寺是当时北魏都城洛阳内规模最大的一所寺院，塔建在永宁寺中心，是寺院的主体建筑。

◆金铜造像 524年，北魏。这尊造像面相清秀，是北魏背光飞天式金铜佛像的代表作品。

—530年

◆石雕思惟菩萨像 539年，东魏。惠照造，河北曲阳修德寺出土。圆形项光的半跪思惟像，项光上还有莲花苞枝，造型匀美舒放。

534年，东魏孝静帝元善见，天平元年
535年，西魏文帝元宝炬，大统元年

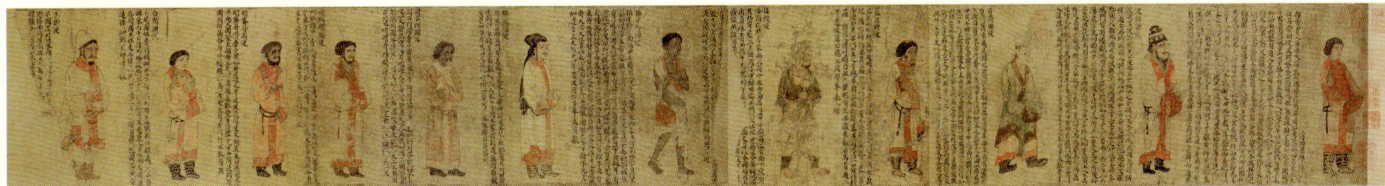

◆瓷莲花尊 南朝。"青瓷莲花尊"是南朝青瓷代表作。

◆元邵墓陶武士俑 528年，北魏。洛阳老城盘龙元邵墓出土。形貌威猛，或握剑，或按盾，显得威武强悍。

—540年

◆贴金彩绘石佛立像 北齐。山东青州龙兴寺遗址出土。佛像螺发，面相丰满圆润，双目微睁，衣褶上有贴金。

◆陶舞蹈老人俑、陶镇墓兽 550年，东魏。河北磁县大冢营村东魏茹茹公主墓出土。舞蹈老人俑，手执法器舞姿翩跹；镇墓兽，人面兽身，均施彩绘，制作精美，形象生动。

东魏杨衒之著《洛阳伽蓝记》
549年，侯景攻入建康

◆《职贡图》摹本 南朝梁。传梁元帝萧绎（508－554年）所作。此图展现南北朝时期国家间友好往来的繁盛场面，传达出不同地域使者的面貌和气质。

—550年

公元
550 年

550年,佛教传入日本

◆征服者查士丁尼 525－550年,象牙,巴黎卢浮宫藏。

◆耶稣诞生图 6世纪,壁画,位于法拉斯教堂。

◆克里希纳雕像 6世纪后半叶,柬埔寨,雕像深受印度文化的影响。

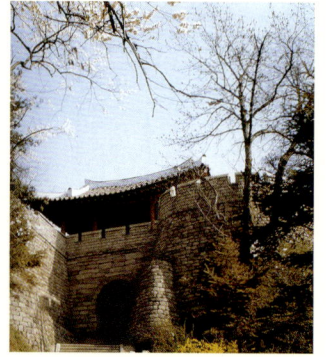

◆平壤七星门 三国时代高句丽,朝鲜平壤市牡丹峰,城门为关隘的通道,系后世重建。

560 年

◆萨珊银壶 569年,出土于中国宁夏的李贤墓,伊朗制造。

570 年

571年,伊斯兰教创始人穆罕默德生于麦加

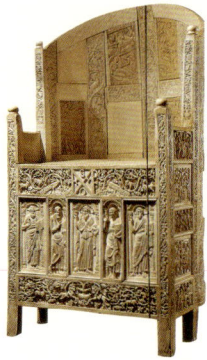

◆马克西米安主教座 546－556年,象牙,意大利拉文纳大主教博物馆藏。

◆人形彩绘陶瓶 100－800年,秘鲁,将男人的形像与器皿巧妙地结合在一起,实用而美观。

◆"辛卯"铭金铜三尊佛像 高句丽平原王十三年（571年）,朝鲜黄海北道谷山郡花村面蓬山里出土。

580 年

◆圣徒与天使中的圣母子 6世纪晚期,木板蜡彩,埃及圣凯瑟琳修道院藏。

◆持莲花菩萨 约580年,印度阿旃陀第1窟左壁,这是阿旃陀石窟最有名的壁画之一。

590 年

格里高利一世（590-604在位）任罗马教皇,教皇的权利从此确立

◆基督升天（出自《拉布拉福音书》） 586年,意大利佛罗伦萨劳伦齐亚纳图书馆藏。

公元6世纪,阿克苏姆的港口成了红海-印度洋航线的最重要的中转港口。

◆仪式火盆 600年,彩陶,特奥蒂瓦坎城阿兹特克文明,是由各种几何形图案组合成的祭器。

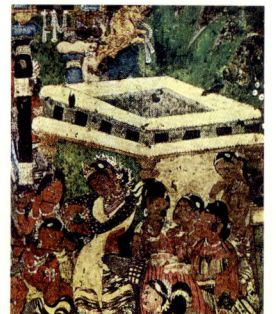

◆摩诃贾纳卡本生（局部）舞女与乐师 约600年,是印度阿旃陀壁画的名作。

600 年

中 华

公元 550年

◆墓主夫妇出行壁画 551年，北齐。北齐崔芬墓壁画。该墓壁画显示了北齐与南朝绘画的密切关系，此出行图与顾恺之《洛神赋图》中的出游行列构图相似。

◆《北齐校书图》宋摹本 北齐，传杨子华所作。该画描绘北齐天宝七年（556年）文宣帝高洋命樊逊诸人刊定五经诸史的故事。

◆拉梢寺摩崖造像 559年，北周，位于甘肃武山城东鲁班峡响河沟北岸。造像运用浮塑手法，显示出庄重、朴实的艺术风格。

◆文吏俑 北齐，河北省磁县湾漳村大墓出土，该墓推测为北齐文宣帝高洋的陵墓，文吏俑高142.5厘米，是迄今发现北朝最大的陶俑。

◆仪卫壁画 北齐，湾漳大墓仪墓道壁画保存较好，东西两壁各绘真人大小53人组成的仪仗出行队伍，代表了北齐壁画的艺术水平。

◆义慈惠石柱 569年，北齐，位于河北定兴石柱村，分基础、柱身和石屋三部分，柱身四面刻"颂文"约三千余字，是难得的北朝时代的艺术佳作。

◆武士俑 569年，北周。宁夏固原北周原州刺史李贤墓出土，武士俑身体作扭动状，挺着浑圆的肚子，展现了鲜卑人的粗犷、憨态。

◆出行壁画 570年，北齐，山西太原北齐东安王娄睿墓壁画。出行图位于墓道西壁中栏，是北齐贵戚出行时的写照。

◆墓主夫妇坐帐壁画 571年，北齐，山西太原王家峰村北齐徐显秀墓壁画，墓内北壁是墓主夫妇坐帐宴饮图，气势恢宏，色彩斑斓。

◆陶骑俑、陶镇墓兽 578年，北周，陕西咸阳北周武帝孝陵出土，彩绘陶镇墓兽，仪卫骑俑，厚重结实，古拙质朴，具有浓郁的北方游牧民族艺术风格。

◆围屏石榻 579年，北周，陕西西安未央区炕底寨村北周安伽墓出土，屏风石榻刻浅浮雕贴金彩绘，是了解中西文化交流的重要资料。

◆泰山经石峪刻经 北齐，为我国现存规模最大的佛教摩崖刻经之一，现仅存经文1069字，以隶书为主，兼有楷、行、篆各种笔意。

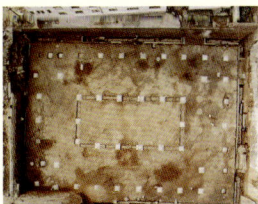

◆石堂 580年，北周，陕西西安未央区井上村史君墓出土，石堂刻浮雕贴金彩绘，并有粟特文、汉文两种文字志文。

◆安济桥 598－618年，隋，河北赵县。世界现存最古老的空腹式石敞肩拱桥，为隋代工匠李春所建，恢弘之中透出矫健、轻盈的美感。

◆隋仁寿宫37号殿遗址和南壁隔身版柱雕刻 隋，仁寿宫位于西安麟游新城区，37号殿址在该宫中部偏东，殿阶基本保存完整，填补了中国建筑史上隋代宫殿建筑的空白。殿内的石构件大都雕有绶带玉环忍冬纹样，具北朝遗风。

◆驼山第三窟 581－583年，隋，山东青州。驼山石窟共有石窟5座，第三窟规模最大。雕像浑融圆润，展现出隋代造像风格。

560年

564年，山东大水灾，死者不可胜计

557元年，北周闵帝宇文觉，元年

虞世南（558－638年），书法家

570年

《魏书》

574年，北周武帝灭佛，是中国历史上第二次毁佛事件

577年，北周灭北齐

580年

581年，隋文帝杨坚，开皇元年

孙思邈（约581－682年），医药学家，后世尊为"药王"

589年，开皇九年隋灭陈

590年

名僧玄奘（596－664年）曾去天竺取经，撰《大唐西域记》

600年

欧 洲	非 洲	美 洲 / 大洋洲	亚 洲

公元 600 年

600－800年,凯尔特文化的黄金时期

◆艾吉吕尔夫的凯旋仪式　600年,铜镀金,这是一件面甲,虽然当时国王艾吉吕尔夫仍旧是异教徒,但王后及其臣民一同皈依了基督教。

◆帕伦克贵族头像　608年,石灰岩,玛雅艺术古典期晚期帕伦克宫浮雕。

◆法隆寺五重塔、金堂及山门　607年,日本奈良。

607年,日本派小野妹出使隋

610 年

610年,穆罕穆德创立伊斯兰教

◆林迪斯芳修道院的细密图　出自7世纪林迪斯芳福音书,属于希伯来－撒克逊风格。

7世纪,由于游牧民族的入侵,阿克苏姆王国灭亡。

7世纪,在南非卡穆祖洛遗址中发现了近似长方形的木麻结构房屋痕迹,其中一间房屋中发现了外来的玻璃,说明7世纪时,内陆和沿海开始进行贸易往来。

◆帕连克宫和碑铭神殿　7世纪末,玛雅文明,墨西哥。

◆哈利哈拉像　7世纪,石质,出自柬埔寨巴塞安德。

◆飞中里石造菩萨立像　7世纪,三国时代高句丽,原为一块花冈岩雕成的三尊像,中尊和左胁侍菩萨已碎。

620 年

622年,伊斯兰教历纪元元年

◆复活神希佩托特克　600－1000年,彩陶,墨西哥萨波特克艺术,希佩托特克是阿尔万山土著人主要崇拜的神。

◆头像(残缺)　600－900年,陶塑,墨西哥萨波特克艺术此神祇是生与死的象征,面庞有骷髅的标志。

◆织女雕像　600－800年,彩陶,墨西哥玛雅艺术。

◆埃洛拉第10窟"木匠窟"　约620－650年,埃洛拉石窟群中的佛教窟。

◆湿婆三面像　7世纪初叶,砂石,印度象岛石窟,表现印度大神湿婆创造,保存,毁灭的三个侧面,这一巨像而今几乎与泰姬陵齐名。

630 年

日本第一次派遣唐使

◆瑞典式头盔　铜镀金,发现于英格兰萨顿胡的一块撒克逊人皇家墓地,它揭示了诺曼人对7世纪撒克逊英格兰的巨大影响。

◆敬拜玉米神　644－720年,石板浮雕,玛雅文明古国的发展,是从种植玉米为主的农业经济开始的,所以他们非常崇敬玉米神。

◆释迦三尊铜像　623年,铜像,日本法隆寺金堂,飞鸟时代里程碑式的作品。

630年,穆罕默德率教徒攻破麦加,统一阿拉伯半岛,建阿拉伯帝国(大食国)

640 年

◆弧形扣环　约7世纪中叶,出土于英格兰萨顿胡,这件装有铰链的弧形扣环有着显著的诺曼风格,现藏于英国伦敦大英博物馆。

◆伟大的女神　650年,壁画,特奥蒂瓦坎潘提特拉壁画上方图案。

◆黄龙寺九层塔址　645年,木塔,韩国,黄龙寺是新罗最大,最重要的寺院,它一直是新罗及其以后王朝的皇家寺院。

650 年

中　华

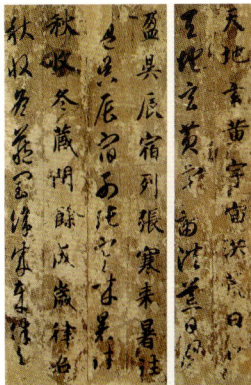

◆ **真草千字文拓本局部**　智永，王羲之七世孙，南朝陈、隋间书法家，此为存世传本墨迹。

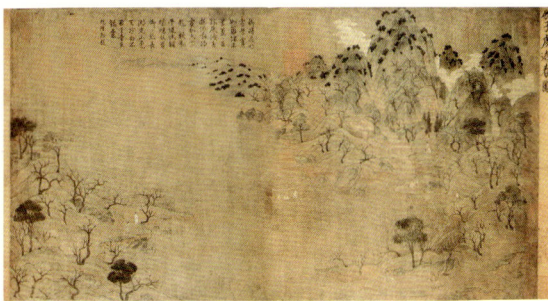

◆ **《游春图》**　展子虔（约550－604年），隋。这幅画表现了人们春天出游的情景，标志着山水画艺术即将进入成熟阶段。

◆ **李静训墓石棺**　608年，隋。陕西西安李静训墓出土。李静训家世显赫，自幼在宫中抚养，九岁夭折。石棺为一座三开间的殿宇，雕饰精美。

◆ **晋祠铭拓本局部**　唐太宗李世民（599－649年），唐。现存最早的唯一完好的唐太宗行书碑，全称《晋祠之铭并序》。

◆ **李寿墓石门**　李寿（577－630年），唐高祖李渊的从弟。墓址在陕西三原县陵前乡焦村。石门正面描彩贴金，浮雕朱雀，背面刻天王、对狮、忍冬纹及动物纹样。

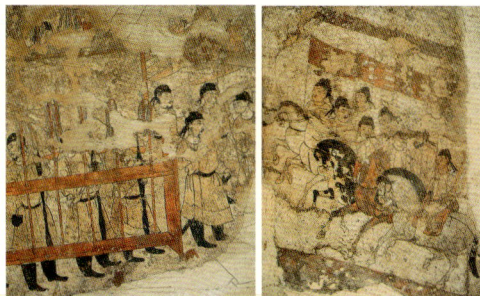

◆ **列戟、出行壁画**　李寿墓壁画，唐。载架和仪仗出行是初唐大型壁画墓中十分盛行的题材，生动体现了唐代仪卫制度的等级之森严。

◆ **螭首双把双身白瓷壶**　李静训墓出土。这件白瓷壶具有隋代白瓷器的时代特征。

◆ **九成宫碑拓本局部**　欧阳询（557－641年），唐。记载唐太宗在九成宫避暑时发现泉水之事。

◆ **《步辇图》**　阎立本（?－673年），唐。该图描绘唐太宗接见吐蕃使者禄东赞来迎娶文成公主入藏时的情景。

◆ **菩萨立像**　隋。河北曲阳修德寺遗址出土。菩萨体态呈S形，颈戴项圈三层，下身着长裙，裙上挂满精美华丽的璎珞。

◆ **特勒（勤）骠和青骓**　唐。为唐太宗昭陵六块骏马浮雕中的两匹，采用高浮雕手法，展现出战马的体态、性格和战争中身冒箭矢、驰骋疆场的情景。

◆ **甲青仪卫和披袍仪卫壁画**　643年，唐。陕西礼泉长乐公主墓壁画。这些仪卫画像为我们了解初唐仪卫制度提供了现实资料。

◆ **交河故城遗址**　现存遗址主要是唐及其以后的建筑，位于新疆吐鲁番市亚尔乡。该城以中心大道为界，东部是官署区，西部为居民区和手工业作坊区，北部是佛教寺院区、墓葬区。

◆萨顿胡埋葬的钱包套子 655年，珐琅镶嵌揭示了爱尔兰的克尔特－日耳曼动物风格图案的来源和演变状况。

7世纪，伊斯兰教在东非沿海地区不断扩展。

◆鸟人 650－850年，壁画，墨西哥，西卡兰卡是奥尔梅克的壁画圣地。

◆五车神庙 7世纪中叶，印度马哈巴利普拉姆，堪称印度南方式早期神庙的陈列馆或实验场。

◆荣州摩崖三尊像 7世纪后半叶，韩国庆尚北道荣州市可兴洞，主尊是古新罗结束后的巨作。

660 年

◆圣书抄本 660年，出于圣巴尔蒂德修道院，墨洛温王朝时期，这种抄本形式一直沿用至今。

◆陶瓶画 600－900年，玛雅文明，美国普林斯顿艺术博物馆藏。

◆武烈王陵的螭首 661年，韩国庆州市西岳洞仙桃山，武烈王陵的龟趺座，风格受唐代中原文化的影响。

◆朱雀图 7世纪，壁画，朝鲜平安南道南浦市江西中墓，朱雀为南方守护之神，南方色赤，表现了高超的绘画技巧。

670 年

◆金带扣 7世纪，出土于英格兰，属于盎格鲁－萨克逊风格。

7世纪，阿拉伯人进入毛里塔尼亚，摩尔人接受伊斯兰教和阿拉伯语言文学，逐步阿拉伯化，并建立封建王朝。

◆石棺盖 680年，墨西哥碑铭神殿，表现了帕连克的统治者"伟大的盾之主"去世时从这个世界去奇保巴的情景。

◆恒河降凡 约670年，印度马哈巴利普拉姆，这一巨岩浮雕被公认为是帕拉瓦雕刻的最高杰作。

680 年

◆杜劳抄本 7世纪晚期，是最早富有华丽插图的爱尔兰手稿，这幅圣马可福音书的首页是作者的象征图像。

7世纪末，阿拉伯人开始向东非沿海各个城市迁移和居住。阿拉伯人和非洲人通婚，产生了一个新的民族－斯瓦希里人，斯瓦希里人吸收了阿拉伯文化、波斯文化、印度文化及东亚、东南亚文化等，在当地文化的基础之上，创造了具有鲜明商业城邦文明特征的斯瓦希里文化。

◆奴隶侍候贵族 600－700年，石板浮雕，墨西哥玛雅文明，这幅作品描绘的是几个奴隶在侍候一个贵人。

◆全氏阿托佛三尊石像 673年，朝鲜。

◆圣石圆顶寺 687－691年建于耶路撒冷，是艾格萨清真寺第一期工程，也是现存伊斯兰教最早的建筑物。

690 年

◆《林迪斯恩福音书》中的一页 698年，英国和爱尔兰人将北方工匠的传统技术运用于基督教艺术的代表作。

◆太阳神庙 692年，墨西哥恰帕斯州帕伦克。

◆感恩寺三层石塔 7世纪后半叶，韩国庆尚北道月城郡。

700 年

中华

◆慈恩寺塔 652年，唐，又名大雁塔，坐落于陕西西安慈恩寺内，这种楼阁式砖塔，是中国佛教建筑艺术的杰作。

◆《古帝王图》局部 阎立本(?－673年)，唐，又称《历代帝王图》，描绘了从汉至隋间的13位帝王，成功地塑造了个性突出的典型历史人物形象。

◆戏鸭图 665年，唐，陕西礼泉李震墓壁画，李震墓为唐太宗昭陵的陪葬墓之一，戏鸭图展现了侍女天真活泼的性格。

◆屏风画 702年，唐，新疆吐鲁番阿斯塔那张礼臣墓出土，随葬屏风画共六幅，分别绘四乐伎、二舞伎，这是其中的两幅。

◆丹凤门遗址 遗址位于西安火车站以北，丹凤门是唐长安城大明宫的正南门，也是皇帝举行登基，改元，宣布大赦等的场所。

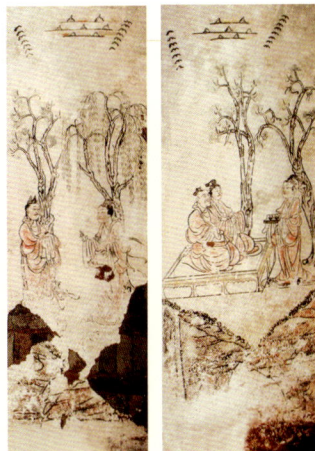

◆屏风画、舞伎壁画 671年，唐，陕西礼泉燕贵妃墓壁画。燕贵妃，唐太宗德妃，乐舞图及十二幅屏风画是唐墓壁画中不可多得的佳作。

◆卢舍那大像龛 672年，唐，卢舍那大像龛是龙门石窟中规模最大的窟龛，整铺造像气势维伟，体现出盛唐雕塑艺术的高度成就。

◆六十一王宾像 684年，唐，乾陵六十一王宾像，是埋葬高宗时参加葬礼的各少数民族首领及各国来宾的雕像。

◆乾陵 684年，唐，乾陵位于陕西乾县梁山上，是唐高宗李治和女皇帝武则天的合葬陵墓。它是陕西唐十八陵中规模最大，保存最完整的一座。

◆石狮 唐，位于藏王墓群前，为镇墓石狮，刻工简练，形象生动。

◆拉萨大昭寺 647年，唐，大昭寺是藏王松赞干布为纪念文成公主入藏而建，该建筑群具有唐代建筑风格，也吸取了尼泊尔和印度建筑的特点。

◆藏王墓群 唐，公元7至9世纪各代吐蕃赞普的陵墓群，位于西藏山南地区琼结县，是西藏保存下来最大规模的王陵。

◆甲胄镇墓俑 698年，唐，陕西西安独孤思贞墓出土，随葬品大多是制作精美的三彩俑，釉色鲜丽。

公元
650年

650年，唐高宗李治，永徽元年

杨炯(650－约695年)，诗人

659年，颁《新修本草》，为世界上第一部官修药典

贺知章(659－744年)，诗人

660年

660年，唐高宗因病，使武则天参决奏事

670年

680年

684年，唐中宗李显，嗣圣元年；唐睿宗李旦，文明元年；武则天，光宅元年

吴道子(约686－790年)后名道玄，后世尊为"画圣"

王之涣(688－742年)，诗人

孟浩然(689－740年)，诗人

690年

690年，武则天称帝，改国号周

700年

	欧 洲	非 洲	美 洲 / 大洋洲	亚 洲

公元
700 年

◆圣马可的徽章 700年，盎格鲁－爱尔兰式的艺术风格。

◆科普特语手抄本 700－900年，以羊皮纸为底，用墨水和颜料绘制，出土于埃及，文字书写和装饰也在埃及。

◆法拉斯教堂壁画 707年，出土于苏丹与埃及分界线以南不远的尼罗河西岸，描述了基督教《福音书》的四位作者的象征物环绕着在十字架中央的基督，并注有科普特文。

◆科迪赛式杯 700－900年，陶，墨西哥人类学博物馆藏。

◆圣德太子像 8世纪，纸本着色，日本。

◆金制如来立像 706年，韩国庆州市九黄里出土。

◆月光菩萨塑像 8世纪前半叶，日本奈良东大寺法华堂。

710 年

710年，日本奈良时期

711年，穆斯林征服西班牙

◆阿尔达圣杯 8世纪，银镶金，出土于爱尔兰利默里克郡阿尔达的一个古冢附近，体现了爱尔兰金属工艺的新高度。

◆法拉斯教堂壁画 8世纪初期出土于苏丹与埃及分界线以南不远的尼罗河西岸。表现了三个圣徒在天使的保护下，被投进火炉却毫发无伤的故事。

◆蒂卡尔2号神庙 8世纪初，玛雅文明，与1号神庙遥遥相对。此庙坐落在金字塔的塔顶，白塔基至神庙屋顶总高度约40米。

◆麦地那大清真寺 705年左右建于麦地那圣地，在伊斯兰建筑史上具有里程碑的意义。

◆阿木那小宫 712年，叙利亚，反映了伍迈叶王朝在建筑上的成就。

720 年

724年，日本圣武天皇

726年，欧洲圣像破坏运动开始

◆男人侧面像（左） 726年，石板浮雕，墨西哥玛雅文明。

◆女人侧面像（右） 726年，石板浮雕，墨西哥玛雅文明，玛雅时期最盛行的建筑装饰形式是浅浮雕。

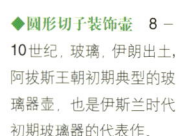

◆月精寺上院寺钟 725年，铜，韩国江原道平昌上院寺藏，是可以查考的新罗最早的铜钟。

◆圆形切子装饰壶 8－10世纪，玻璃，伊朗出土，阿拔斯王朝初期典型的玻璃器壶，也是伊斯兰时代初期玻璃器的代表作。

730 年

◆克尔斯圣书 8世纪，是一部四福音书抄本，也是现存最精美的一部福音书，这一时期手抄本的特点是首页的第一个字母很大，且有装饰风格。

◆科潘石碑 730年，玛雅文明，古典时期的玛雅雕刻主要是石碑雕刻。大部分石碑只刻一面。

◆药师寺东塔 730年，日本，以其卓越的设计和精美的造型成为天平前期著名的建筑。

740 年

747年，查理曼帝国建立

◆被双头蛇围着的国王 747年，木雕，墨西哥玛雅文明，玛雅流传至今的木雕作品极为罕见，这是其中一件精品。

◆第四寺庙过梁上的象形文字 741年，危地马拉，玛雅文明。

◆佛国寺多宝塔 8世纪，韩国，塔的整体造型复杂，匀称而富于变化，为新罗石造艺术的典范。

◆紫纸金字金光明最胜王经卷二 741年，日本。

750 年

中华

1650 年，清颁行《三国演义》满文译本

◆北海白塔 1651年，清。白塔是北海公园最突出的建筑，白塔为喇嘛塔，因为塔身通常涂成白色，所以习称白塔。

◆天安门 始建于1417年，1651年改建，清。天安门是皇城正门，城楼为重檐歇山顶建筑，其形象被绘于中华人民共和国的国徽上，成为新中国的象征。城楼也经重修并增高。

1662 年，清圣祖玄烨，康熙元年

1662 年，郑成功收复台湾

◆年画福寿康宁 清初。杨柳青年画多以仕女、娃娃、神话传说为题材，采用寓意写实等手法，线条流畅清新，敷彩古朴典雅，富于浓郁的生活气息。

◆清净化城塔 清。位于北京安定门外西黄寺内，是清代金刚宝座佛塔建筑中的精华。

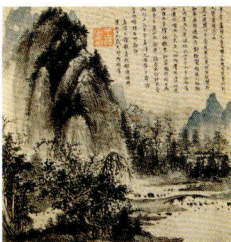

◆《山水册》之一 王铎（1592－1652），明末清初。善画山水，也擅写梅竹、兰石，画风别具一格。

方苞（1668－1749年），文学家，创"桐城派"

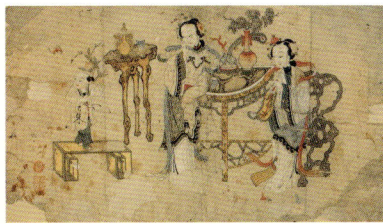

1673年，"三藩之乱"起

◆侗族鼓楼 1672年，清。位于贵州从江增冲乡增冲寨内，整座鼓楼呈宝塔形状，双层葫芦宝顶，气势雄伟。

◆《松壑清泉图》 弘仁（1610－1663年），清。清初"四僧"之一，此图画巨岩瘦松溪流，笔墨简洁。

1683年，郑克塽降清，台湾回归

1685年，雅克萨之战，挫败沙俄军入侵

1688年，洪昇撰名剧《长生殿》

1689 年，签订中俄尼布楚条约

◆《荷石水禽图》 朱耷（1626－1705年），清。此幅墨笔画湖石、水鸭，意境空灵，荷叶墨色浓淡，富有层次。

◆《山水册》之一 傅山（1605－1684年），清。善画山水竹石，此画笔致超越，颇有古拙之风趣，原是"傅山傅眉山水合册"十六页中的一页。

郎世宁（1688－1766年），意大利传教士，入清为宫廷画家

◆《溪山无尽图卷》局部 龚贤（1618－1689年），清。《溪山无尽图》是一巨幅长卷，为龚贤晚年的力作。表现江南的重山复水，烟雾迷蒙之景。繁复沉郁之中透出萧索冷寂的气氛。

◆珐琅彩花卉纹瓷瓶 康熙时期，清。该瓶绘一黄一紫两牡丹，色彩浓艳不透明，为初制珐琅彩器之一。

◆《锦石秋花图》 恽寿平（1633－1690年），清。以色、墨直接点染出形象，画面色彩明艳柔丽，显现出一派金秋景致。

◆《南山积翠图》 王时敏（1592－1680年），清。此图为王时敏晚年为人祝寿之作，画含"寿比南山"之意。主峰高踞画幅正中，众峰拱拥，密树浓荫，云气升浮，山间林野一派清幽自然之气。

郑燮（1693－1765年），画家、书法家，扬州八怪之一。扬州八怪主要为罗聘、李方膺、李婵、金农、黄慎、高翔、汪士慎和郑燮。

1699年，孔尚任撰名剧《桃花扇》

◆五彩竹雀瓷壶 清。康熙时期为五彩瓷发展的顶峰，此壶彩绘构思宽广，彩中加以墨蓝色金色为五彩之最，实属少见。

1700 年

1700年，俄瑞典北方战争

1701年，普鲁士王国

1705年，西班牙王位继承战争

1710 年

1719年，迪福创作《鲁宾逊漂流记》

1720 年

1730 年

1740 年

1740年，奥地利王位继承战争

1750 年

欧洲

◆梅尔克修道院　1702－1738年，奥地利，是巴洛克式建筑的杰作。

◆长满柠檬的栅架　18世纪早期，宾比，画布油彩。

◆舟发西苔岛　1717年，华托（1684－1721年），画布油彩，巴黎卢浮宫藏，是罗可可风格的绘画作品。

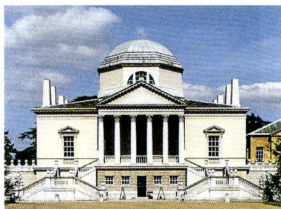

◆奇兹威克府邸　约1725年，柏灵顿勋爵和威廉·肯特设计，英国伦敦，是把古典主义和浪漫主义完美结合的范例。

◆德国扶手椅　1730年，这件罗可可早期风格的奥古斯堡扶手椅，预示着一种复杂的工艺风格即将诞生。

◆铜水壶　1733年，夏尔丹（1699－1779年），画布油彩，巴黎卢浮宫藏，是18世纪法国风俗画的代表作。

◆克娄巴特拉的盛宴　约1750年，提埃波罗（1696－1770年），湿壁画。

非洲

◆母性　18世纪初，木雕，出土于马里。多贡族木雕，表现一个妇女抱着一个孩子的形象。

◆男人雕像　18－19世纪初，木雕，出土于几内亚比绍。比贾戈族雕像。

◆祖先雕像　约18－19世纪，木雕，出土于尼日利亚贝宁城。奥伦族的雕像。

◆祖先坐像　18世纪，木雕，出土于马里。多贡族雕像，塑造了一个端坐在圆凳上的女人像。

◆祖先雕像　约18世纪，木雕，出土于刚果（金）。赫姆巴族木雕。

美洲 / 大洋洲

◆奇尔卡特人棕熊部落外套　约1500－1800年，属于北美阿拉斯加印第安部落，外套上的动物图像采用分离的再现手法，各个细节同时呈现在衣服表面，具有西北海岸艺术的典型元素。

18世纪初，欧洲有几位画家相继来到北美定居，其中苏格兰画家斯米帕特于1729年来到波士顿。他的艺术影响着当地出生成长起来的一代年轻画家，他成为美国绘画重要的开创者之一。

◆宾西法尼亚州政厅（独立宫）　约1730－1748年，设计者汉弥尔顿，独立宫是美国建筑史上"乔治风格"公共建筑的范例。

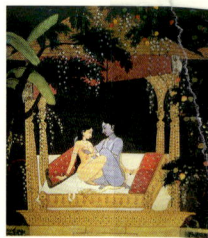

亚洲

◆克里希纳与拉达　18世纪康格拉细密画，印度，已婚的牧女拉达抛弃自己的丈夫而献身给大神毗湿奴的化身之一克里希纳。

◆白梅图　1710－1716年，尾形光琳（1658－1716年），日本。

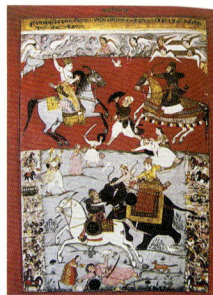

◆纳特·拉吉尼　约1730－1740年，马尔瓦细密画，印度，乐调之环组画之一，纳特·拉吉尼是一种表现爱的激情的音乐调式。

◆金刚全图　1734年，纸本，淡彩，郑鄯作，朝鲜。

◆彩饰画　18世纪，出自土耳其，作品表现了天使列百加在海拉山上以古兰经启示默罕默德。

中华

◆水心榭 1709年，清，水心榭在避暑山庄东宫之北，列为"乾隆三十六景"第八景。

◆承德避暑山庄 1703－1790年，清。位于河北承德市中心北部，以朴素淡雅的山村野趣为格调，取自然山水，吸收江南塞北的风光，是中国现存最大的古代帝王宫苑。

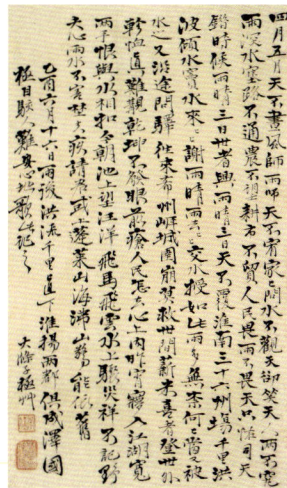
《梅竹图》 原济（石涛）（1641－1724年），清初四僧之一。此画以浓淡之墨写竹，以淡墨写花瓣，挥洒淋漓，空灵秀润之气布满全图。

◆彩色套印版画芥子园画传 1701年，清，《芥子园画传》是我国最有影响的画谱，在传播民族绘画技法方面，起了积极作用。

◆杂画册 高其佩（1672－1734年）《杂画册》共十开，五开花木，五开人物，构图简略，点染随意颇得意趣，常以笔断意连，于平淡中见神韵。

◆记雨歌 原济（石涛）的书法主要以魏晋写经体为取法对象，此幅《记雨歌》落笔厚重而不滞，笔画墨色对比明显，结体左倾右应，活泼之极。

◆孔庙大成殿，清代。山东省曲阜南门内，是奉祀孔子的庙宇。主殿大成殿的廊柱以雕刻著称，是罕见的艺术瑰宝。

◆《竹荫西猱图》 郎世宁（1688－1766年），清。天主教耶稣会传教士，意大利人，入清为宫廷画师，参酌中西画法，设色丽艳，精工细致，自成一家。该图是其代表作之一。

◆版画万寿盛典局部 1713年，清，《万寿盛典》记录了康熙帝六十大寿的盛况。图版共一百四十八幅，充满了热烈宏伟的庆祝场面，反映出康熙时期宫廷版画所达到的成就。

◆珊瑚釉粉彩花鸟纹瓷瓶 雍正年间，清，该瓶吸收工笔花卉的技法，粉红桃花与翠竹相映，点缀小鸟蜜蜂，使画面不仅富有生趣，同时也加强了色彩对比。

◆丁村民居一号院 1745年，清，山西襄汾丁村，村内遗存明清两代民居院落二十多座，是明清北方农村民居建筑中的佳作。

◆粉彩八桃过枝瓷盘 雍正年间，清，所谓粉彩，即在含铅的玻璃质料中加入元素，使色彩更为柔和。此盘成对，胎薄釉润，色彩浓淡适宜，柔和典雅。

◆象牙雕松鼠葡萄笔洗 1727年，清，该笔洗为一卷曲的葡萄叶形，洗中两松鼠神态生动，一只蜻蜓落在叶边，悠然地观望洗内的一切。

◆雍和宫万福阁 1750年，清，万福阁位于雍和宫内中轴线的北部，是雍和宫最后一正殿，也是宫中最高的一座殿堂。万福阁内各层均供奉着若干小佛像，达万尊之多。

◆《镜影水月图》 汪士慎（1686－1759年），清。画面以墨色渲染水天之间朦胧的月色，一僧人面对水中之月安神自闲，有超越于尘世之外的境界。

◆《渔翁渔妇图》 黄慎（1687－1768年），清。画面渔翁渔妇，动态生动，人物衣纹连勾带染，挺劲放纵。

◆玉炉、瓶、盒 乾隆年间，清。三器皆为深碧色新疆玉制成，沉稳而不失精巧，为乾隆时期的佳作。

公元
1700年
吴敬梓（1701－1754年），文学家，著《儒林外史》
1703年，避暑山庄始建
全祖望（1705－1755年），史学家、文学家
1710年
1713年，文字狱
1714年，禁"小说淫词"，命销毁书、板
1716年，《康熙字典》成书
袁枚（1716－1797年），文学家，著《随园诗话》等
1720年
1722年，修《四库全书》，1782年完成
1723年，清世宗胤禛，雍正元年
曹雪芹（1724－1764年），文学家，著《红楼梦》
戴震（1724－1777年），考据学家、思想家
纪晓岚（1724－1805年），文学家，著《阅微草堂笔记》
1726年，以铜活字本排印《古今图书集成》，为中国古代最全面的类书，全书一万卷
1730年
1733年，命各省设立书院
1736年，清高宗弘历，乾隆元年
章学诚（1738－1801年），史学家、文学家
1740年
1740年，重辑《大清律例》成，修《大清一统志》成
1747年，刊印《三希堂法帖》
1750年

公元	欧 洲	非 洲	美 洲 / 大洋洲	亚 洲

1750 年

1751 – 1772 年, 狄德罗和达朗贝尔合编《百科全书》

1755 年, 塞缪尔·约翰逊编写《英语辞典》

1757 年, 印度沦为英国殖民地

◆伦敦特威克纳姆的浆果山别墅　1750 – 1775 年, 沃波尔·本特利和丘特设计, 英国伦敦, 新哥特式建筑风格。

◆圣骨匣头像　18 – 19 世纪, 木雕镶铜, 出土于加蓬, 马农格维族雕像。

◆沃尔夫将军之死　1763 – 1775 年, 威斯特 (1738 – 1820 年), 画布油彩。

◆秋千　1768 年, 弗拉戈纳尔 (1732 – 1806 年), 画布油彩, 伦敦华莱士收藏馆藏, 是 18 世纪罗可可艺术后期的作品。

1760 年

1762 年, 卢梭撰写《社会契约论》

1764 年, 温克尔曼撰写《古代艺术史》

◆祖先像　18 – 19 世纪, 木雕, 出土于西非科特迪瓦, 塞努福族雕像。

◆新月形皇宫　1767 – 1775 年, 英国古典建筑的代表。

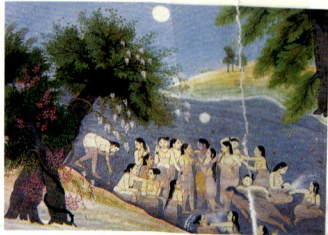

◆克里希纳与牧女们在满月之夜一起沐浴　约 1760 年, 康格拉细密画, 印度, 取材《牧童歌》, 表现了康格拉河谷的自然风景与帕哈里姑娘的娇美。

◆芭蕉图　18 世纪后半叶, 纸本, 水墨, 正祖作, 朝鲜。

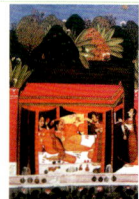

◆带刺身的毛利人像　1769 年, 收录于英国人詹姆士·库克的游记中, 毛利人是新西兰的原住民。

1775 年, 美国爆发独立战争, 1783 年获胜, 从而脱离了英国的殖民统治, 独立建国

1770 年

1773 年, 俄国普加乔夫起义

1774 年, 歌德发表《少年维特的烦恼》

◆威尼斯圣乔治·马乔雷教堂景色　约 1775 – 1780 年, 瓜尔迪, 画布油彩。

◆鲍尔斯小姐和她的狗　1775 年, 雷诺兹 (1723 – 1792 年), 画布油彩。

◆国王雕像　约 18 世纪, 木质, 出自刚果, 自 17 世纪开始, 每个库巴君主都有定制一个类似这样的放置在卧房的木雕肖像的习惯。

◆颁布独立宣言　1786 – 1794 年, 画布油彩, 美国著名画家约翰·特拉巴尔 (1756 – 1843 年) 所画, 这是一幅宏伟的历史画, 再现了 1776 年 7 月 4 日由杰费逊、富兰克林、华盛顿等美国著名革命家聚集费城签署《独立宣言》宣布国家独立时的情景。

◆凉亭中的女主人公 (左)　约 1770 年, 印度细密画。

◆描绘米赫拉布的库拉地毯 (右)　1774 年, 发现于土耳其, 地毯最突出的装饰是内框中的一座清真寺中的米赫拉布。

1776 年, 美国独立宣言

1776 年, 亚当·斯密撰写《国富论》

1780 年

1781 年, 康德撰写《纯粹理性批判》

1783 年,《凡尔赛和平协定》, 欧洲承认美国主权独立

◆爱神与普绪喀　1786 – 1793 年, 卡诺瓦 (1757 – 1822 年), 新古典主义风格, 大理石, 巴黎卢浮宫藏。

◆乔治·华盛顿将军　在特伦顿战役中, 特朗布尔作于 1792 年, 画布油彩。

◆从空中俯瞰玉佛寺　1785 年, 位于曼谷大王宫东北角, 是泰国最著名的寺院, 供奉视为国宝的玉佛。

◆国王雕像　18 世纪晚期, 木质, 出自刚果。

◆自画像　1782 年, 绢本, 淡彩, 姜世晃作, 朝鲜。

1789 年, 法国资产阶级革命

1790 年

1792 年, 沃尔斯通克拉夫特 (1759 – 1836 年) 撰写《为女权辩护》

◆贺拉斯兄弟的宣誓　1784 年, 大卫 (1748 – 1825 年), 画布油彩, 巴黎卢浮宫藏, 18 世纪后期新古典主义绘画风格的作品。

◆美国国会大厦　1792 – 1865 年, 主要设计者: 索恩顿、包芬奇、沃尔特等。

◆阿方披摩亭 (左)　约 18 世纪后期或 19 世纪初期, 泰国曼谷大王宫, 是曼谷最优美的泰式建筑。

1794 年, 伊朗卡扎尔王朝

1798 年, 华兹华斯与科尔里奇创作《抒情四体诗》

1799 年, 法国雾月十八日政变

◆永恒之神　1794 年, 布莱克 (1757 – 1827 年), 蚀刻铜版加水彩, 伦敦大英博物馆藏。

◆国王头像　18 世纪末 – 19 世纪中期, 青铜, 出土于尼日利亚的贝宁城, 是贝宁艺术衰落期的作品, 雕像显得程式化。

◆绘在猪皮上的战争画　1797 – 1805 年, 染色猪皮, 在美国北达科达州发现, 属于当地印第安人的创作。

◆妇人相学十体 (右)　18 世纪末, 喜多川歌麿作, 日本, 喜多川歌麿创立的新样式就是所谓的 "大美人头", 即是将以往的全身像, 局部放大为上半身像。

1800 年

◆《竹石图》 郑燮(1693—1765年)，清，即郑板桥，以画竹著称。画中竹竿细挺有韧性，叶肥如柳，桃叶，具不似之似妙，秀石简而意足。

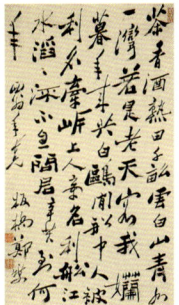

◆七言诗 《七言诗》是郑燮的书法代表作之一，纸本，行书，共八十六字。

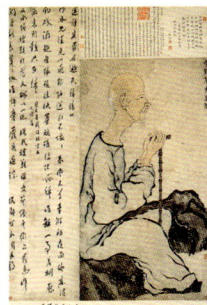

◆《丁敬像》 1751年，罗聘(1695—1765年)，清，丁敬是清代著名篆刻家，画中丁敬倚杖坐石，造型夸张，"怪"中见美，拙中含趣。

◆大乘之阁 1755年，河北承德普宁寺内。是一座高大的木结构楼阁式建筑物，阁中的木雕观音菩萨像，不但体量高大，而且雕刻精美，是我国佛教文物中的珍品。

◆《花果册》之一 金农(1687—1763年)，清，此册共十幅，这里选一幅《枇杷》，笔法粗细相间，浓淡兼济，风格清丽而沉稳。

◆《佛像图》 1763年，金农(1687—1763年)，清，佛像神情安然飘逸，衣纹用笔粗犷古拙，身后背景以其独特的书法来完成。

◆大红台 河北承德，大红台是普陀宗乘之庙的主体建筑，巍峨高大，气势雄伟，使人感到佛法如天，高深莫测。

◆乾隆朝袍 朝袍是皇帝在重大典礼和祭祀活动时所穿的礼服，基本款式是披领和上衣下裳相连的袍裙相配而成。

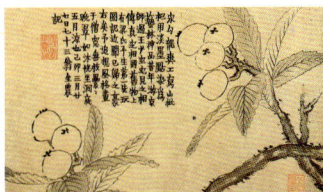

◆园明园远瀛观遗址 1783年，清，1860年被英法联军所焚毁，远瀛观正门残存的花雕石柱，是遗址中最引人注目的象征物。

◆普陀宗乘之庙 1767—1771年，清，位于河北承德市避暑山庄正北山坡上，是汉藏建筑艺术交融的典范，普陀宗乘是藏语"布达拉"的意译，因规模比西藏布达拉宫小，俗称"小布达拉宫"。

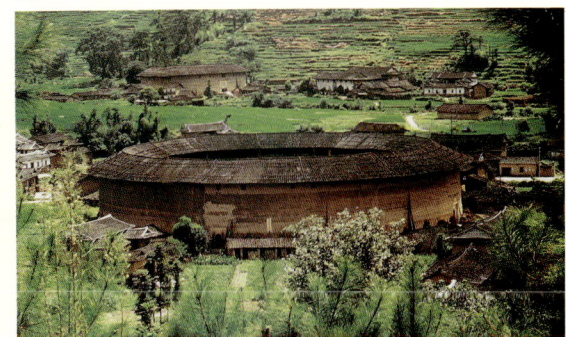

◆粉彩万鹿瓷尊 清，器身绘百鹿图，神态各异，底有"大清乾隆年制"篆书款，是乾隆粉彩中的上品。

◆大阿福 乾隆年间，清，造型丰满浑圆，是无锡惠山泥人进入成熟期后的代表作品。

◆二宜楼 1770年，清，福建华安仙都镇大地村内，它是我国圆土楼古民居的代表。

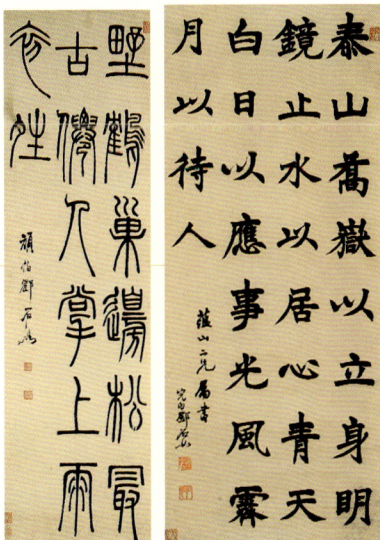

◆唐诗集句、警句 邓石如(1743—1805年)，清代大书法家，世称邓派，邓石如篆刻极富变化，书味笔法盎然，印风苍茫凝重。

◆玉"大禹治水"山子 1788年，清，此器重达上万斤，是迄今为止我国乃至世界上最大的玉器，也是清代玉器的代表作。

◆苏公塔礼拜寺 1778年，清，位于新疆吐鲁番木纳格村内，是新疆现存最大的古塔，塔下的清真寺，显示着伊斯兰建筑的风格。

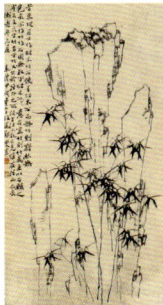

公元

1800 年

1802 年，越南阮氏王朝

1802 年，亚眠合约

1805 年，法兰西第一帝国

1807 年，黑格尔撰写《精神现象学》

1810 年

1815 年，滑铁卢之战

1818 年，马克思诞生

1818 年，拜伦创作《唐璜》

1820 年

1820 年，恩格斯诞生

1822 年，巴西独立

1825 年，美国伊利运河开通

1829 年，希腊独立

1830 年

1830 年，比利时独立

1834 年，英国废除奴隶制

1837 年，英国维多利亚女王

1839 年，摄影术发明

1840 年

1850 年

欧 洲

◆浴女 1808 年，安格尔（1780 – 1867 年），画布油彩，巴黎卢浮宫藏。

◆1808 年 5 月 3 日的枪杀 1814 年，戈雅（1746 – 1828 年），画布油彩，西班牙马德里普拉多博物馆藏，是 19 世纪浪漫主义的画作。

◆梅杜萨之筏 1818 – 1819 年，藉里柯（1791 – 1824 年），画布油彩，巴黎卢浮宫藏，是 19 世纪浪漫主义的画作。

◆布尔克伯爵墓 1926 年，昂热的达维德（1788 – 1856 年），大理石，法国巴黎拉雪兹神父墓。

◆自由领导人民 1830 年，德拉克洛瓦（1788 – 1863 年），画布油彩，巴黎卢浮宫藏，是 19 世纪浪漫主义的代表画作。

◆伦敦国会大厦 1835 年，巴里和帕金设计，英国，是文艺复兴风格和哥特式细节巧妙结合的产物。

非 洲

◆祖先雕像 19 世纪，木雕，出土于尼日利亚贝宁城。穆穆耶族的雕像。

◆祖先雕像 19 世纪，木雕，出土于尼日利亚贝宁城。蒂夫族的雕像。

◆乞妇像 19 世纪，木雕，出土于刚果（金），巴卢巴族雕像，表现一个乞妇抱着一个大碗跪在地上，通常是巫师治疗疾病时用的。

◆烟斗 19 世纪，木雕，出土于刚果（金），卢巴族木雕像，是女人雕像与器皿巧妙结合的佳作。

◆国王幽灵权杖 19 世纪，象牙，出土于刚果（金），刚果族的雕像，是王权神授的象征物。

◆头像 19 世纪，象牙，出土于刚果（金），莱加族象牙雕。

◆鳄鱼面具 19 世纪，木雕，出土于尼日利亚，伊乔族面具。

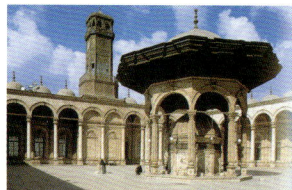

◆穆罕默德·阿里清真寺 1830 – 1857 年，建于埃及，是萨拉丁城堡扩建的一部分。建筑以伊斯坦布尔的清真寺为原型建造，具有阿巴斯王朝时代的风格。

美 洲 / 大洋洲

◆猎手夏季服装 1805 年，因纽特艺术家，加拿大。因纽特人相信一件这样装饰得当的衣服，就是给主人一层额外的动物皮，据说保留了一些驯鹿的力量和能力。

◆战争权杖 19 世纪早期，硬木，出自玻利尼西亚马萨斯群岛，现藏于美国马萨诸塞州塞勒姆的皮博迪·埃塞克斯博物馆。

◆弗吉尼亚大学 建于 1825 年，托马斯·杰弗逊（1743 – 1826 年），这是杰弗逊的代表作，是美国建筑史上最伟大的校园设计。

◆毛利人议事厅 1842 – 1843 年，此为 1935 年重建，木、贝壳、玻璃、蜡和颜料，出自新西兰。

◆曼丹酋长马托·托普 1840 年 平版画 俄克拉何马州塔尔萨托马斯·吉尔克瑞斯美国历史和艺术学院，画面表现北部美洲本土居民的形象。

亚 洲

◆普拉辛寺那泰殿中的壁画 19 世纪，壁画，泰国清迈普拉辛寺，是泰国北部地区最重要的绘画作品。

◆加登地毯 1800 年，伊朗。

◆秋千 约 1810 年，康格拉细密画，印度，表现大理石阳台上一位荡秋千的典型的康格拉美女。

◆昌德宫后苑演庆堂 1828 年，木构，韩国首尔钟路区昌德宫内。

◆富岳三十六景·神奈川冲浪里 1823 – 1829 年，葛饰北斋（1760 – 1849 年），木刻版画，是日本浮世绘的代表作之一。

◆匕首 19 世纪，高加索地区。

◆地毯 19 世纪，土耳其，安纳托利亚西部。

图书在版编目(CIP)数据

　　中华与世界文明图表/中华世纪坛世界艺术馆编.—北京：文物出版社，
2009.1

　　ISBN 978-7-5010-2671-5

　　Ⅰ.中... Ⅱ.中... Ⅲ.①文化史 - 中国—图表②世界史：
文化史—图表　Ⅳ.K203-64　K103-64

　　中国版本图书馆 CIP 数据核字（2008）第 204421 号

《中华与世界文明图表》　编委会

[总策划]　王立梅　　苏士澍

[编　委]　丁　宁　　王立梅　　王建琪　　冯光生　　朱扬明　　孙　机

　　　　　吕石明　　苏士澍　　邵大箴　　陈晓琳　　杨　泓

[编　辑]　蒋海梅　　王凯笛

[设　计]　肖　晓

中华与世界文明图表

[编　　著]　中华世纪坛世界艺术馆

[出版发行]　文物出版社

[社　　址]　北京东直门内北小街 2 号楼

[邮　　编]　100007

[网　　址]　http://www.wenwu.com

[邮　　箱]　web@wenwu.com

[经　　销]　新华书店

[责任编辑]　李　红　　罗亚琳

[责任印制]　陆　联

[印　　制]　北京雅昌彩色印刷有限公司

[开　　本]　965 × 1270mm　1/16

[印　　张]　6.25

[版　　次]　2009 年 1 月第 1 版

[印　　次]　2009 年 1 月第 1 次印刷

[书　　号]　ISBN 978-7-5010-2671-5

[定　　价]　58.00 元

◆个园夏山　清。江苏扬州。个园以叠石见长，造园工匠们选用褐黄石、太湖石、雪石等，叠成四组假山，表现春夏秋冬四季景色。

◆《竹下仕女图》　改琦（1773－1828年）。清。所画仕女，形象纤瘦、清秀，创造了清后期仕女画的典型风貌。

◆雄鸡图百宝嵌漆砂砚盒　清。此盒选料及制作均极精细，外底中心有红漆篆书"卢葵生制"方印，是卢葵生的佳作之一。

◆林则徐七言联

一榻梦生琴上月　百花香入案头诗

◆定州贡院　1833年，清。定州贡院是我国保存最为完好的清代科考场所，现存有影壁、大门、魁阁号舍、大堂、后楼五座建筑。

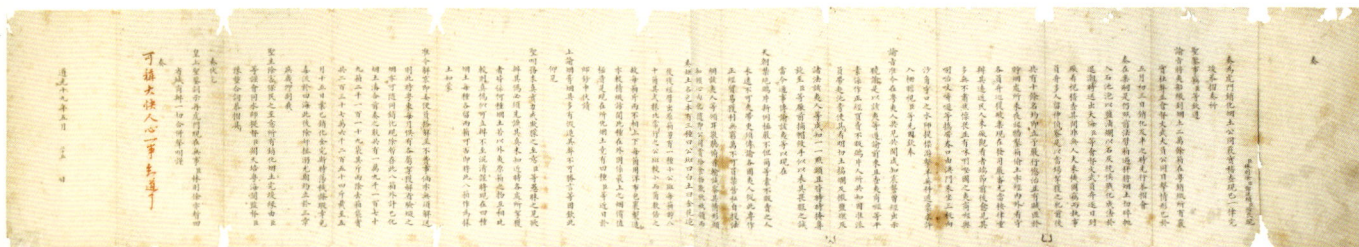

◆虎门焚烟完峻折　1839年，林则徐（1785－1850年）。清。林则徐不仅是个卓识远见的政治风云人物，也是一位书法家。书体学欧阳询，功底很深，加之清劲秀博之风，使其书法柔中含刚，端重稳健，一如人品。

公元

1800 年

1810 年

1815 年，定《查封鸦片章程》

1820 年

1821 年，清宣宗旻宁，道光元年

1826 年，《皇清经世文编》辑成

1829 年，《皇清经解》成书

1830 年

1839 年，林则徐虎门销烟

1840 年

1840 年，鸦片战争爆发，中国近代史开始

1850 年